Für Simone und Jan Gabriel

Vorwort

Zur Vorbereitung auf eine Reise sind Berichte anderer Leute, die die gleiche oder eine ähnliche Reise bereits durchgeführt haben, eine sehr nützliche und hilfreiche Sache.

Man erhält so oft sehr persönliche Wertungen und Tipps, die auf andere Art und Weise nicht oder nur sehr schwer zu bekommen sind.

Bewährt für die Suche nach solchen Berichten hat sich das Internet. Beispielsweise auf der Seite **http://www.andere-laender.de** sind in den letzten Jahren viele Erlebnisberichte vom Reisenden gesammelt worden und mit mehr als 1 Million Seitenabrufen gehört diese Seite zu den erfolgreichen im Netz.

Ein Nachteil aber bleibt: Das Lesen längerer Berichte am Bildschirm ist sehr ermüdend und der Ausdruck der Texte ist mühsam und geht recht schnell in's Geld.

So entstand die Idee zu dieser Buchreihe. In loser Folge werden hier lesenswerte Berichte in Buchform veröffentlicht und so einem breiteren Publikum zugänglich gemacht.

Viel Spaß bei der Lektüre.

Heidelberg, im August 2001

Michael Kirchner

Tansania und Kilimandscharo: Reiseerlebnisse in Ostafrika

Michael Kirchner (Herausgeber)

Mit Beiträgen von Nicole Baumann, Manfred Jakob, Uta Kubik-Ritter und Lars Nitsch

www.andere-laender.de

Reiseberichte und -tipps aus dem Internet

Herausgeber:

Michael Kirchner
Konrad-Adenauer-Str. 2
D-69221 Dossenheim

Email: michael.kirchner@gmx.de
Website: http://www.andere-laender.de

Autoren:

Manfred Jakob, Nicole Baumann, Lars Nitsch, Uta Kubik-Ritter

Fotos von

Manfred Jakob, Nicole Baumann, Lars Nitsch, Uta Kubik-Ritter, Barbara Voss, Thomas Pfahler

Herstellung: Books on Demand GmbH
ISBN 3-8311-2395-0

Inhalt

Auf dem Weg zum Dach Afrikas

Die Besteigung des Kilimandscharos

Von Manfred Jakob

Der Kilimandscharo als einer der 'Seven Summits' und mithin der höchste Berg Afrikas, die Serengeti als größter Nationalpark Tansanias, der Ngorongoro Krater als atemberaubende Naturkulisse und der Tarangire Nationalpark gelten als absolute Besuchermagneten, die es auch uns angetan haben. Wir, das sind Frank Heinbach (Arzt), Axel Schneider (Arzt), Frank Spieth (selbständiger Unternehmer) und Manfred Jakob (kaufmännischer Angestellter), alle aus Siegen.

Vorbereitungen

Die Idee zu dieser Reise entsprang eigentlich einer Bierlaune: "Wir könnten ja einmal einen der Seven Summits besteigen" sagte Frank Heinbach zu mir (Die 'Seven Summits' sind die höchsten Gipfel der sieben Koninente). "Wie wäre es mit dem Kilimandscharo? Das ist immerhin ein fast Sechstausender." Beweggründe für die Besteigung des höchsten Berges Afrikas - in Anbetracht der Bewältigung des enormen Höhenunterschieds von immerhin 5.000 Metern - gibt es viele. Erstens ist der Berg nicht nur für Kletterer sondern auch für gewöhnliche Bergwanderer zugänglich und zweitens bietet der Kilimandscharo die Möglichkeit, nahezu alle Vegetationszonen der Erde vom tropischen Regenwald bis zum ewigen Eis innerhalb weniger Tage zu durchwandern. Und bereits in den nächsten Wochen besorgten wir uns Informationsmaterial und Reiseprospekte. Die angebotenen Pauschalreisen waren uns allerdings zu teuer und so beschlossen wir die komplette Reise von Deutschland aus direkt mit afrikanischen Tour-Operators zu planen. Dies war im Sommer 1999. Die ersten Angebote hatten wir bereits im Herbst 1999 vorliegen.

Alsbald meldeten auch Frank Spieth und Axel Schneider ihr Interesse an dieser Reise an. Den Flug buchten wir bei der Firma Karawane Reisen, Ludwigsburg im März 2000 und bei der Kili-Besteigung entschieden wir uns für Roy Safaris Ltd., Arusha. Die Wahl dieser Firmen sollte sich als hervorragende Lösung herausstellen.

Von Köln-Bonn soll es mit dem Flugzeug zunächst nach Amsterdam gehen und von dort nach kurzem Aufenthalt weiter nach Kilimandscharo-Airport in Tansania. Dort soll uns ein Angestellter der Fa. Roy Safaris abholen und zum Hotel begleiten. Aufgrund der geringen Entfernung zu Arusha oder Moshi empfiehlt es sich, direkt zum Kilimandscharo-Airport zu fliegen. Eine Anreise über Kenia (Mombasa oder Nairobi) ist wegen der größeren Entfernung nicht sinnvoll. Für Hin- und Rückflug bezahlt jeder von uns DM 1.200,-.

Nach einer Übernachtung in Arusha beginnt am nächsten Tag der Aufstieg zum Kilimandscharo über die Marangu Route. Die Marangu Route ist einer von sechs Trails, die auf den Uhuru Peak, den höchsten Punkt des Kilimandscharos führen. Diese Route haben wir ausgewählt, weil sie als die leichteste gilt und man außerdem unterwegs in kleinen Hütten übernachten kann und nicht in Zelten übernachten muss. Der Aufstieg wird fünf Tage dauern und zwei Tage der Abstieg. Für die komplette Tour inkl. zwei Führer, die notwendigen Träger, Eintrittsgebühren für den Kilimandscharo Nationalpark, Verpflegung und 2 Übernachtungen in einem Hotel müssen wir 885,- US$ bezahlen. Die anschließende Safari wollen wir direkt vor Ort in Arusha buchen.

Wir haben uns für unseren Aufenthalt in Tansania Ende November/Anfang Dezember ausgesucht. Dies ist eigentlich nicht die ideale Reisezeit, da die kleine Regenzeit in Ostafrika von Oktober bis Dezember dauert. Die große Regenzeit geht von März bis Mai. In dieser Zeit ist eine Besteigung des Kilimandscharo fast nicht möglich. Die günstigste Reisezeit ist entweder von Mitte Juni bis Mitte September (lange Trockenzeit) oder von Januar bis Februar. Bei uns geht es allerdings nicht anders. Dafür hat die von uns gewählte Reisezeit den Vorteil, dass nicht allzu viele Touristen auf den Berg wollen.

Im März 2000 begannen unsere Vorbereitungen zur Erlangung der körperlichen Kondition für ein solches Unternehmen. Jeder hatte da seine eigene individuelle Methode. Im wesentlichen bestand die Vorbereitung aus Fahrradfahren, Joggen, Wanderungen im schönen Siegerland sowie Karatetraining und Gymnastik. Außerdem informierten wir uns über notwendige Impfungen sowie Malaria-Prophylaxe. Für die Einreise nach Tansania ist übrigens eine Gelbfieberimpfung unbedingt vorgeschrieben. Außerdem empfiehlt es sich, die folgenden Impfungen sofern noch nicht geschehen, über sich ergehen zu lassen: Diphtherie, Tetanus, Polio, Hepatitis A+B sowie Typhus. In den meisten Fällen reicht eine Auffrischungsimpfung aus.

Wer den Kilimandscharo besteigen will, sollte sich vorher unbedingt mit seinem Hausarzt in Verbindung setzen. Eine stabile Gesundheit und eine gute Kondition sind für ein solches Unternehmen unabdingbar. Wichtig ist vor allem, dass die Anpassung des Herz- und Kreislauf-Systems durch gezieltes Training gefördert wird. Für wen welche Sportart geeignet ist, spricht man am besten mit seinem Arzt ab (benötigte Ausrüstungsgegenstände, Lebensmittel und Sonstiges siehe Anhang).

Ankunft in Afrika

Am 24.11.2000 ist es soweit. Morgens um 07.00 Uhr startet unser Flieger von Köln-Bonn nach Amsterdam. In Amsterdam haben wir einen 2-stündigen Aufenthalt, bis es schließlich gegen 10.40 Uhr mit dem Flieger nach Afrika weitergeht. Gegen 21.00 Uhr Ortszeit (Zeitverschiebung + 2 Stunden) treffen wir auf dem Kilimandscharo-Airport, der zwischen Arusha und Moshi liegt, ein. Als wir aus dem Flugzeug aussteigen, empfängt uns ein warmer Wind und der tansanische Zoll.

Dass in Afrika die Uhren etwas langsamer laufen, zeigt sich sofort bei der Zoll-Abfertigung, die insgesamt etwa eine Stunde dauert. Zunächst müssen wir unsere internationalen Impfpässe für den Nachweis der Gelbfieberimpfung vorlegen. Danach heißt es, sich in der nächsten Schlange anzustellen, um den Reisepass und das Visum vorzulegen. Axel ist der letzte und hat das Pech, dass die Schalterbeamtin ein lockeres Gespräch mit einer Kollegin anfängt und so dauert seine Abfertigung etwas länger: "Hakuna Matata", wie der Afrikaner zu sagen pflegt.

Der Flughafen am Kilimandscharo ist ein kleiner Airport, der von Europa aus nur von vier Fluggesellschaften angeflogen wird: KLM, Ethiopian Air, Gulf Air und Air France. Die meisten Gesellschaften machen hier einen Zwischenstopp, um anschließend weiter nach Dar es Salaam zu fliegen. Wir sind von dem langen Flug etwas geschafft und müde. Ein Fahrer von Roy Safaris wartet auf uns in der Flughafenhalle, lädt unser Gepäck auf das Dach des Range-Rover und fährt uns direkt ins Hotel nach Arusha. Die beiden Doppel-Zimmer, die wir dort erhalten, sind allerhöchstens Mittelklasse, aber immerhin mit einer mindestens 30 Jahre alten, schmutzigen Dusche ausgestattet. Um in die Dusche zu gelangen, muss man regelrecht durch die total verbaute und kleine Toilette klettern. Klettern wollten wir ja - aber nicht im Hotel! Für 80,- US$ hätte ich eigentlich mehr erwartet. Aber was soll es! Wir sind jedenfalls froh, erst einmal eine Schlafgelegenheit für die erste Nacht zu haben und der Preis für das Hotel ist im Angebot eingeschlossen. Wir treffen uns noch im Restaurant, um ein einheimisches Bier (Kilimandscharo sowie Safari Lager sind die bekanntesten) zu trinken, bevor wir uns ins Bett legen. Zuvor haben wir die mitgebrachten Moskitonetze über den Betten angebracht. An das Moskitonetz muss sich Frank H. erst noch gewöhnen. Mitten in der Nacht wird Frank S. aus dem Schlaf gerissen und sieht, wie Frank H. einen furchterregenden Kampf mit seinem Zelt führt. Ein Wunder, dass das Ding nicht zusammenbricht! Die erste Nacht in Afrika verläuft ansonsten ruhig, bis uns gegen 5.00 Uhr morgens der Muezzin mit seinem Morgengebet über die genau auf unser Zimmer gerichtete Lautsprecheranlage aus dem Schlaf reisst. Der Tag fängt ja gut an, denke ich bei mir, und kann nicht mehr einschlafen. Die Andacht dauert ca. 20 Minuten.

Beginn des Aufstiegs

Nach einem kurzen und etwas spartanischen Frühstück - lediglich Kaffee, ein Fruchtsaft und ein paar Früchte sind im Preis inbegriffen - werden wir gegen 8.00 Uhr von einem Fahrer abgeholt. Der Fahrer begrüsst uns mit dem typischen afrikanischen Handschlag: Handgeben, Daumenumfassen und wieder Handgeben. Die erste Begrüßung geht daneben, weil ich viel zu spät dieses Begrüßungsritual begreife. Bei der zweiten Begrüßung im Office geht es dann schon besser und danach perfektioniere ich diesen Gruß immer mehr. Der Fahrer lädt zunächst nur unser Gepäck ein und bringt es zum Office des Tour-Operators. Jeder von uns hat 2 große Gepäckstücke: 1 Reisetasche für die Safari und 1 Rucksack oder 1 Seesack für die Bergbesteigung. Danach werden wir ebenfalls zum Office von Roy Safaris gefahren. Auf der Fahrt zum Office kommen wir an der einzigen Sehenswürdigkeit der Stadt, dem Clock Tower, vorbei. Ein beeindruckend hässlicher 5 m hoher Betonklotz. Er ist uns nicht einmal ein Photo wert.

Im Zentrum von Arusha wimmelt es nur so von kleinen Büros mit Gesellschaften, die Safaris oder Bergbesteigungen anbieten. Weswegen man auch gelegentlich der Stadt den Spitznamen Dar es Safari gegeben hat. Es gibt z.Zt. alleine in Arusha ca. 150 Tour Operators. Dazu kommen noch einmal ca. 50 in Moshi und Marangu. Ein Tour Operator ist ein Reisebüro, das sich auf bestimmte Serviceleistungen (Safaris, Bergbesteigungen usw.) spezialisiert hat. Seit einigen Jahren müssen Touristen für eine Kilimandscharo Besteigung die Dienste eines Tour Operators in Anspruch nehmen. Dies müssen übrigens auch alle europäischen Reisebüros. Deshalb haben wir unsere Tour auch direkt bei einem afrikanischen Tour Operator gebucht. Dies spart Kosten und ist im Zeitalter von e-Mail und Telefax überhaupt kein Problem. Man sollte sich vorher jedoch ausführlich über die Anbieter informieren. Es gibt darunter auch immer mehr schwarze Schafe. Gute Informationen und Adressen bietet das Buch 'Tansania Kilimandscharo' von Peter Rotter. Wir haben uns über das Internet unter dem Stichwort 'Kilimandscharo' informiert und dabei die Fa. Roy Safaris entdeckt. Diese Firma hat eine eigene Homepage im Internet (www.roysafaris.com). Es ist sicherlich nicht die billigste Gesellschaft aber dafür eine alteingesessene Gesellschaft mit sehr erfahrenen Guides und gutem Equipment. Eine Liste mit Tour Operators, die über einen schlechten bis sehr schlechten Ruf verfügen, findet man in einem Outdoor Handbuch von Reinhard Dippelreither mit dem Titel 'Tansania Kilimandscharo'.

Das Office ist ein kleines Büro in dem jede Menge Bilder von Bergbesteigungen und wilden Tieren an den Wänden hängen. Der Leitspruch des Unternehmens prangt an einer Wand: "We go through every measure to give you wild pleasure!" Hinter einer kleinen Theke sitzen ein großer schwarzer Afrikaner mit breitem Grinsen und einer auffälligen Zahnlücke namens Theofilo Mbise, der uns total überschwänglich mit "Jambo, Jambo" begrüßt, sowie eine kleine Afrikanerin, die uns kaum registriert sondern weiterhin irgendwelche Daten in ihren PC eingibt. Hinter der Theke befindet sich ein kleines mit Glasscheiben abgegrenztes Büro, welches dem Direktor gehört. Der Direktor, ein Weißer offensichtlich indischer Abstammung, begrüßt uns und bittet uns in sein kleines Büro. Der Direktor, er heißt Sanjay, geht mit uns ein kurzes Briefing bzgl. der Kilimandscharo-Besteigung in einwandfreiem Englisch durch und fordert uns danach auf, den vereinbarten Preis von 1.845,- US$ zu bezahlen. Der Preis kommt mir komisch und eigentlich viel zu niedrig vor. Ich frage noch einmal nach und erhalte den gleichen Preis als Antwort. Das ganze ist etwas kompliziert. Eigentlich kostet die Tour jeden von uns 885,- US$. Wir hatten bereits 810,- US$ per Auslandsanweisung angezahlt und wegen der Umbuchung von drei auf vier Personen müssen wir jeder 35,- US$ Umbuchungsgebühr bezahlen, dafür aber nur 865,- US$ pro Person, also hätten wir nach meiner überschlägigen Rechnung, die ich erst später auf der Fahrt zum Berg mache, ca. 2.800,- US$ bezahlen müssen. Dazu kommt noch der Aspekt, dass nur drei von uns und nicht alle vier die Anzahlung bezahlt haben. Aber im Moment bin ich aufgrund der Komplexität und ohne Taschenrechner etwas ratlos. Wir bezahlen mit unseren Traveller-Cheques. Axel hat Traveller-Cheques mit DM-Werten, bekommt diese aber zu einem relativ günstigen Kurs umgerechnet. Es ist allerdings nicht zu empfehlen Traveller Cheques in DM mitzunehmen. Vielmehr sollte man sich Cheques in US$ ausstellen lassen. In einem kleinen Nebenzimmer des Büros werden unsere Reisetaschen für die Safari aufbewahrt bis wir wieder zurückkommen.

Nachdem alle Formalitäten erledigt sind, stellt uns der Direktor die zwei Führer, den Koch und einen bei der Gesellschaft angestellten Träger, der auf unsere Sachen aufpassen soll, vor. Weitere Träger werden in Marangu für die Bergbesteigung angeheuert. Unser erster Führer heißt Edwin und ist erst 27 Jahre alt. Ich bin etwas erstaunt darüber, dass wir uns einem so jungen Mann anvertrauen sollen. Ich frage mich, ob der genug Erfahrung als Guide hat. Der zweite Führer heißt John und ist der jüngere Bruder von Edwin, wie wir später erfahren. Der Koch ist schätzungsweise noch keine 20 Jahre alt und heißt Zacharias. Den Namen des Trägers habe ich leider vergessen. Wir gehen hinaus zu dem Wagen, der uns zum Marangu-Gate bringen soll. Das Marangu-Gate ist der Eingang in den Kilimandscharo Nationalpark und der Beginn unseres Trails. Bevor man den Park betritt, muss man sich mit Reisepass im Office am Marangu-Gate melden. Während wir nochmals bestätigen, dass die bereits auf dem Dach des Wagens verbrachten Rucksäcke bzw. Seesäcke auch die sind, die mit auf den Berg sollen, werden wir von den ersten Straßenhändlern umringt, die uns Batiken, Zeitschriften bzw. Speere und andere Dinge offerieren. Das ganze ist sehr lästig und man hat Mühe, den Händlern klar zu machen, dass man nichts kaufen möchte.

Endlich geht es los. Wir fahren durch die von Menschen und Safari-Autos wimmelnde Stadt. Es ist schon erstaunlich, wie viele Menschen, in Deutschland würde man sagen, auf der Straße herumhängen. Offensichtlich gehört das hier in Afrika zum täglichen Leben. Dabei registrieren wir auch zum erstenmal den zweithöchsten Berg des Landes, den 4.566 m hohen Mount Meru, der Arusha mit seinen begrünten Flanken überragt. Es geht vorbei an kleinen bunten Geschäften, Bretterbuden, kleinen Hütten und schrottreifen Autos am Wegesrand. Außerhalb von Arusha befahren wir eine der wenigen geteerten Straßen in Richtung Marangu. Es geht vorbei am Kilimandscharo-Airport und durch Moshi. Es sind etwa 120 km bis wir bei Himowie links Richtung Marangu abbiegen. Kurz vor dem Gate halten wir an und Edwin, unser Guide kauft "frisches Fleisch" bei einem Metzger, der sein Geschäft in einer winzigen Bretterbude hat. Das Fleisch hängt an Haken von der Decke und wird von vielen hundert Fliegen umschwärmt. Frank Spieth ereilt ein komisches Gefühl bei diesem Anblick und dem Gedanken, dieses Fleisch irgendwann während des Aufstieges essen zu müssen. Während wir warten, diskutieren wir über Verdauungsstörungen, Kühlkette und BSE. Die Tatsache, dass BSE hier kein Thema ist, stimmt uns dann doch zuversichtlich. Man kann halt allem etwas positives abgewinnen. Wir werden gefragt, ob wir noch irgendwelche Dinge benötigen. Frank H. und Axel sagen, dass sie noch jeder einen Safarihut benötigen und kurze Zeit später stehen sie in Verkaufsverhandlungen mit einem herbeigeeilten Händler. Da beide unbedingt einen Hut benötigen (die Sonne steht hier in Äquatornähe immer senkrecht), erwerben beide einen Hut mit Sicherheit zu einem überhöhten Preis von 15,- US$ pro Hut. Wer nach Afrika reist, sollte in jedem Fall einen Hut im Reisegepäck haben.

Wir setzen unsere Fahrt fort zum Marangu-Gate. Das Diesel-Fahrzeug quält sich dabei im zweiten Gang die steiler werdende Straße den Berg hinauf. Das Marangu-Gate befindet sich auf einer Höhe von 1.840 m, wie einige Hinweisschilder angeben. Auf großen Tafeln stehen Routenangaben aber auch Hinweise und Warnungen. Auf dem Parkplatz warten schon die von Edwin angeheuerten Träger. Die genaue Zahl der Träger weiß ich nicht mehr. Zum Schluss erhalten 14 Träger ein Trinkgeld obwohl ich glaube, dass es nur 13 Träger waren. Die Träger packen Lebensmittel, Küchenequipment und unsere Rucksäcke um. Jeder Träger darf höchstens 18 kg tragen, dies wird mittels einer Waage am Beginn des Trails überprüft.

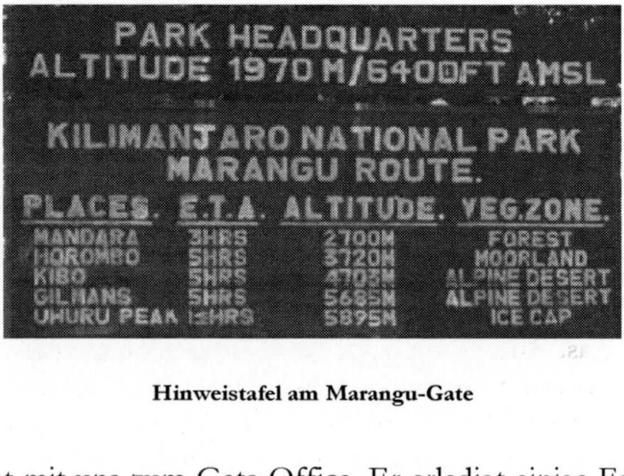

Hinweistafel am Marangu-Gate

Edwin geht mit uns zum Gate-Office. Er erledigt einige Formalitäten und wir müssen uns in einem Buch registrieren. Die beabsichtigte Aufenthaltsdauer wird ebenfalls festgehalten. Von Zacharias erhalten wir jeder 1,5 l Wasser und ein kleines Lunch-Paket. Frank H. packt die mitgebrachten Diamox-Tabletten aus und wir nehmen jeder eine Tablette mit viel Wasser. Durch die vorsorgliche Einnahme von Diamox (Acetazolamid) - eines Medikamentes, welches den Säure-Basen-Haushalt des Körpers beeinflusst und die Atmung stimuliert - kann das Risiko einer akuten Bergkrankheit reduziert werden. Die Dosierung beträgt 1x täglich eine Kapsel à 500 mg Diamox, beginnend am Tag vor der Bergbesteigung. Das Mittel wird bis zum Tag des Abstieges eingenommen. Es führt zu einer vermehrten Urinausscheidung. Daher ist auf reichlich Flüssigkeitszufuhr zu achten. Als Nebenwirkungen können gelegentliche Gefühlsstörungen in Händen und Füßen auftreten. Diamox wird im übrigen von vielen Höhenbergsteigern empfohlen.

Zusammen mit John, der mit seinem eigenen großen Rucksack, einer großen Petroleumlampe und einem kleinen Blecheimer, gefüllt mit rohen Eiern in Sägemehl, beladen ist, gehen wir über einen schmalen Pfad hinauf Richtung Mandara-Hütte. Die Mandara Hütten auf 2.675 m Höhe sind das Etappenziel des ersten Tages. Es gibt zwei Wege, die zu den Mandara Hütten führen. Ein etwa sechs Meter breiter Fahrweg, der auch von LKW's benutzt werden kann, um Material zu den Hütten zu transportieren. Romantischer ist aber der kleine Pfad durch den Regenwald. Es ist jetzt etwa 12.00 Uhr mittags. Die Träger benutzen die breite Fahrstraße. Wir biegen sehr bald vom Fahrweg links ab und gehen über einen schmalen Pfad an einem kleinen Bach entlang. Der Weg führt uns durch dichten Urwald. Riesige Farne und moosbewachsene Urwaldriesen säumen unseren Weg. Durch den Regenwald begleitet uns ein ewiges Zirpen und hin und wieder einige unbekannte Tierlaute. Hin und wieder sehen wir einige Affen durch das Dickicht streifen.

Ich fange ein Gespräch mit John an und erfahre, dass er 24 Jahre alt und unverheiratet ist. Einmal pro Monat steht er auf dem höchsten Gipfel Afrikas. Aufgewachsen ist er in Marangu. Über diese Aussage bin ich etwas erleichtert, die Guides haben trotz ihres jungen Alters einige Erfahrung. Axel vereinbart mit John, ihm einige deutsche Worte beizubringen, wenn er im Gegenzug Nachhilfe in Suaheli erhält. Von John und Edwin erhält Axel den Spitznamen "Papa".

Wir gehen sehr langsam. Das haben wir vorher besprochen. Wir wollen unsere Kräfte für den Gipfeltag aufsparen. John kann sich sein "Pole, Pole", auf Deutsch "langsam, langsam", dass er den meisten Touristen empfiehlt, sparen. Ein sehr langsamer Aufstieg ist besonders wichtig, da bei zu raschem Aufstieg in große Höhen auch der Trainierte dem Risiko einer Bergkrankheit ausgesetzt ist. Die Bergkrankheit kann bereits ab Höhen von 2.500 Metern auftreten. Dabei gilt: je höher, desto kränker. Erste Anzeichen, die auf eine sich entwickelnde akute Bergkrankheit hinweisen können, sind Kopfschmerzen, Übelkeit, Appetitlosigkeit und Schlafstörungen. Nehmen diese Beschwerden zu und führen zu Schwindel, Erbrechen, Apathie und Atemnot, muss der Betroffene unverzüglich absteigen. Das Verweilen in der Höhe oder gar weiteres Aufsteigen erhöhen das Risiko eines lebensgefährlichen Höhen-Lungen- oder Hirnödems.

Etwa nach der Hälfte der Strecke und ca. 1,5 Stunden Gehzeit führt uns John über eine Holzbrücke zu einem am Fahrweg angelegten Picknickplatz mit Toiletten (etwa in 2.280 m). Hier machen wir eine kurze Rast und essen die mitgebrachten Lunch-Pakete. Auf dem einen Sandwich ist der Schinken so dick und zäh, dass man ihn kaum essen kann. Jetzt gesellt sich auch Edwin zu uns und geht mit uns den restlichen Weg zur Mandara-Hütte weiter, während die Träger den Fahrweg benutzen. Wir sind bester Laune. Auf den letzten Metern durch den Urwald vor den Mandara-Hütten fängt es oft an zu regnen. Wir haben Glück und bleiben auf der gesamten Strecke trocken. Bald begegnet uns ein amerikanisches Pärchen von oben. Beide sehen gut durchtrainiert und gesund aus. Wir fragen, ob sie den Gipfel erreicht haben. Sie antworten: "Yes, it's hard, but it can be done." Sie raten uns, viel zu trinken (das wissen wir schon) und sagen, dass sie ebenfalls Diamox eingenommen haben. Wir wünschen uns "Good luck" und setzen unseren Weg fort. Der Weg ist leicht ansteigend, die Witterung schwül und feucht. Wir kommen ins Schwitzen.

Plötzlich auf einer hügeligen Lichtung sehen wir die Mandara-Hütten. Wir befinden uns jetzt auf 2.675 m Höhe. Bei den Hütten handelt es sich um norwegische Zeltdachhäuser, die mit Entwicklungshilfe gebaut wurden. Es ist jetzt 15.00 Uhr. Wir beziehen unsere 2x3 m große Hütte, die für 4 Personen ausgelegt ist und machen nach einer Stunde eine kleine Wanderung zum Maundi Krater. Der Maundi

Krater ist ein erloschener Nebenvulkan der heute vollständig bewachsen ist. Er erhebt sich ca. 100 Meter über dem Trail. Ein Spaziergang dorthin lohnt sich auf jeden Fall. Auf dem Weg dorthin fängt es leicht an zu regnen. Am Krater hört der Regen wieder auf. Es geht vorbei an gelb und rot blühenden Fackellilien, blühenden Strohblumen und erikaähnlichen Gewächsen. Der Maundi Krater liegt inmitten einer reizvollen Vulkanlandschaft. Man hat einen tollen Ausblick auf Rift-Valley und die bewaldeten Hänge des Kilimandscharo. Nach unserem Spaziergang, der ungefähr eine Stunde gedauert hat, geben wir unsere Wasserflaschen ab, die für den nächsten Tag mit Trinkwasser gefüllt werden. Das Trinkwasser hat eine gelblich braune Färbung und schmeckt widerlich. Wir lösen unsere mitgebrachten Vitamintabletten im Wasser auf, damit es genießbarer wird und bilden uns ein, die Farbe käme von den Tabletten. Nach dem Abendessen wollen wir unseren Guides und Trägern ein Bier ausgeben. Beim Hüttenwirt bezahlen wir für 20 Flaschen (eine Flasche Bier kostet 2 US$). Die beiden Guides und der Koch trinken ihre Flaschen mit uns zusammen. Die restlichen Flaschen werden in einen Eimer gefüllt und Edwin sagt, dass er den Trägern die Flaschen zukommen lassen wird. Ich bin da etwas skeptisch und frage mich, ob die Flaschen auch da angekommen sind, wo sie hin sollten. Das Bier schmeckt nicht besonders. Wir nehmen an, dass das am Diamox liegt. Obwohl ich seit Februar wegen der Kili-Besteigung mit dem Rauchen aufgehört habe, frage ich Frank S., ob er mir eine Zigarette geben kann. Ich paffe die Zigarette nur und eigentlich schmeckt sie mir gar nicht.

Gegen 20.30 Uhr gehen wir zu Bett. Frank S. war schon etwas früher in die Hütte gegangen und berichtet, dass das Diamox eine kolossale Wirkung auf seinen Harndrang hat. Innerhalb einer Stunde geht er dreimal Wasser lassen. Er denkt jedes Mal ernsthaft darüber nach, draußen zu bleiben, denn in spätestens 20 min. muss er sowieso wieder gehen. Während der Nacht muss er noch sechs oder sieben mal die Hütte verlassen. Auch Frank H. und Axel gehen zwar nicht so oft, aber mehrmals nach draußen. Bei mir bleibt der große Harndrang aus. Wir machen Witze über Prostata-Probleme. Die ganze Nacht über schlafe ich kaum und wenn, dann nur sehr oberflächlich.

Von den Mandara- zu den Horombo-Hütten

Am nächsten Morgen nutzen wir an einer Wasserstelle die Möglichkeit, uns zum letzten Mal die Haare zu waschen. Ein gutes Gefühl mit frisch gewaschenen Haaren, dies wird in den nächsten fünf Tagen anders werden. Morgens bekommen wir von unserem "Dealer" Frank H. wieder unser Diamox, gehen in der großen Hütte frühstücken und erhalten von Zacharias unsere Lunch-Pakete. Gegen ca. 9.30 Uhr gehen wir los in Richtung Horombo-Hütten. Auf dem Weg dorthin muss auch ich genau wie die anderen mehrmals Wasser lassen. Doch keine Prostata-Probleme!

Die Etappe des zweiten Tages von den Mandara- zu den Horombo-Hütten ist etwa 11 km lang und führt bis auf eine Höhe von 3.725 m. Wir benötigen für diese Strecke fast 6 Stunden. Gleich hinter den Hütten geht der Weg hinein in den tropischen flechtenbehangenen Regenwald und weiter durch eine tropisch bewachsene Senke. Schließlich erreichen wir die Baumgrenze des Urwaldes. Und weiter führt der Weg über große Wiesenflächen. Hin und wieder können wir den Mawenzi-Gipfel erkennen, wenn die Wolken ihn freigeben. Der Mawenzi gilt als Nebengipfel des Kilimandscharo und ist mit 5.149 Metern der dritthöchste Gipfel Afrikas. Er ist ebenfalls ein erloschener Vulkan. Vor ca. zwei bis drei Millionen Jahren entstanden hier drei Vulkane: Shira, Kibo und Mawenzi. Die Vulkane Shira (ebenfalls heute ein Nebengipfel des Kilimandscharo) und Mawenzi stellten als erste ihre Vulkantätigkeit ein, während der Kibo, der als Hauptgipfel gilt, durch Eruptionen weiter wuchs. Der Mawenzi hat heute anders als der Kibo ein sehr bizarres Aussehen. Das ganze ist nicht viel mehr als übereinander geschichtetes Gestein und Geröll ohne jeglichen Zusammenhalt. Die zu schnell erkaltete Lava bietet Wind und Wetter weniger Widerstand, weshalb sehr scharfe Kanten und Zacken entstanden sind. Aus diesem Grund ist der Gipfel sehr viel schwieriger zu besteigen als der Kibo.

Wir haben wieder Glück mit dem Wetter. Während des Aufstieges fällt kein einziger Tropfen Regen. Der Trail wird jetzt etwas eintöniger. Unterwegs überholt uns eine achtköpfige deutsche Gruppe mit Guide. Alle gehen im Gänsemarsch hintereinander mit ihren Wanderstöcken in sehr schnellem Tempo. Wir schütteln den Kopf über die Geschwindigkeit und die Art zu wandern und lassen uns nicht beirren, in langsamem Tempo weiter bergauf zu gehen. Unterwegs sehen wir ein Chamäleon. Edwin hat es auf einen Stock laufen lassen. Unsere Fotoapparate klicken. Wir erinnern uns an "Hermann Anlauf", der ebenfalls biologische Studien am Wegesrand betrieb. Hermann Anlauf, der Mann mit dem Diplom aus dem Herz-Echo-Labor, ist der Hauptdarsteller in dem Film "Der Berg ruft", einer SWR3 Reportage über die Besteigung des Kilimandscharo. Frank S. kennt den Film fast auswendig und wir lachen über einige Szenen, die er unterwegs nachstellt. Bei einer kurzen Rast am Wegesrand und einer Zigarettenpause zeigt mir Edwin ein Buch, in dem einige seiner Klienten positive Berichte niedergeschrieben haben. Sie berichten über Edwin und die Touren die sie mit ihm gemacht haben. Alle Texte, meistens in Englisch verfasst, sind voll des Lobes über Edwin und seine Fähigkeiten als Guide. Darunter sind auch 2 deutsche Gruppen mit Bildern. In einem Text lese ich zum Schluss: "...und er erwartet ein gutes Trinkgeld!" Aha, denke ich bei mir und weiß, warum er mir unbedingt dieses Buch zeigen wollte. Später in Arusha werde auch ich ihm einen Text in sein Buch schreiben.

Auf ca. 3.480 m befindet sich ein Picknickplatz mit einigen Tischen und Holzbänken. Die "Gänsemarsch-Gruppe" zieht als wir ankommen gerade weiter. In einigem Abstand von den Bänken befindet sich auch ein Toilettenhäuschen (Plumpsklo). Frank S. verspürt den Drang, die Toilette zu benutzen, gibt sein Vorhaben jedoch auf, nachdem er feststellt, dass er nicht alleine ist. Eine 'riesige' Ratte wollte das 'stille Örtchen' mit ihm teilen. Darauf hatte Frank aber nun wirklich keine Lust. Wir essen unser Picknick-Lunch-Paket und unterhalten uns mit einem deutschen Pärchen, das ebenfalls auf dem Weg nach oben ist. Er ist schwer erkältet und wird wahrscheinlich nur bis zu den Horombo-Hütten mit aufsteigen. Sie will versuchen, den Gipfel alleine zu erreichen. Die Frau erzählt uns, dass sie in Dar es Salam als Ärztin in einem Krankenhaus gearbeitet hat. Am Flughafen hat man ihr die Handtasche mit ihren Papieren, Geld, Fotoausrüstung und dem Diamox geklaut. Ein 'hilfreicher' Zeitgenosse hatte ihr angeboten, die Tasche zum Wagen zu bringen. Nicht gesagt hatte er, dass er die Tasche zu seinem Wagen trägt! Frank H. bietet ihr einige Tabletten an, aber sie lehnt ab und wird versuchen auch ohne Diamox aufzusteigen. Nach einer halben Stunde brechen wir wieder auf. An jeder Brücke müssen wir einen kurzen Halt zum Fotografieren machen. Wir scherzen, dass bei den vielen Brücken unser Filmmaterial kaum ausreichen wird. Hin und wieder geben die Wolken den Kibo frei. Kurz vor den Horombo-Hütten kommen wir an einigen Riesen-Kreuzkräutern vorbei. Anlässlich einer kurzen Rast am Wegesrand gibt Axel dann auch eine 'Hermann-Anlauf-Szene' zum besten. "Kinder, von hier habe ich Filme gesehen; Menschen mit Regenschirmen..." Und dann folgt Axels obligatorisches "Ist das herrlich!" oder "Toll...". Seine liebenswerte positive Ausstrahlung steckt uns an. Wir sind bester Laune. Schließlich gegen 15.00 Uhr erreichen wir die Horombo-Hütten in 3.725 m Höhe. Wir sind wie immer die letzten Ankömmlinge: "Pole, Pole". Die Hütten sind im gleichen Stil wie die Mandara-Hütten als Zeltdachhäuser gebaut. In dieser Höhe wird es abends schon empfindlich kalt.

Überraschenderweise kann ich hier oben mit dem Handy nach Hause telefonieren. Die Verbindung ist zwar schlecht und bricht mehrmals zusammen, aber es geht. Die drei anderen rufen ebenfalls zu Hause an. Die Horombo-Hütten sind genau wie die Mandara-Hütten mit Solaranlagen ausgerüstet. Diese sorgen für Licht in den einzelnen Häusern. Die Toilettenanlage befindet sich in einem erbärmlichen Zustand. Einige Touristen, die den Umgang mit Plumpsklos nicht gewohnt sind, haben voll daneben gezielt. Scheiße, im wahrsten Sinne des Wortes und kein fließendes Wasser, um den Schaden zu beheben. Wer hier nicht trifft, hat schlechte Karten. Edwin fragt uns an diesem Abend mehrfach, wie es uns geht, ob wir Kopfschmerzen oder andere Probleme haben. Es geht uns ausgezeichnet. Nur das permanente Wasserlassen geht uns auf den Keks, aber wir trinken kräftig weiter.

Das Essen, das Zacharias bereitet, schmeckt nicht schlecht und variiert von Tag zu Tag. Es gibt wie jeden Abend heißes Wasser, um damit Tee, Kakao oder Kaffee zuzubereiten. Bevor wir zu Bett gehen trinken wir noch jeder eine Flasche Bier, die uns überhaupt nicht schmeckt. Ich rauche meine 4. oder 5. Zigarette und Frank S. schmunzelt, weil er beobachtet, dass ich mittlerweile nicht mehr nur paffe sondern einige Lungenzüge mache. Gegen 20.00 Uhr geht es ab in unsere Hütte. Es beginnt zu regnen. Ich kann wieder nicht einschlafen und Frank H. gibt uns vorsorglich jedem eine Schlaftablette und sagt: "Die macht einen sauberen 4 bis 5 Stunden

Schlaf." Frank H. erzählt von einigen Filmen: "Hast du den schon gesehen?" oder "Da hat doch Robert de Niro mitgespielt." Er erzählt uns die Handlung von "Wag the dog" und wir müssen über den Film-Song "Old brown Shoe" oder "Courage Mum" herzhaft lachen. Auch die Filmhandlung des "Wüstenplaneten" fällt uns wieder ein. Frank S. und Axel wundern sich über Franks Filmgedächtnis. Gegen 23.00 Uhr nehme ich meine Tablette und schlafe eine halbe Stunde später ein.

Akklimatisierung und Aufstieg auf den Mawenzie-Sattel

Für den nächsten Tag ist ein Akklimatisierungs-Ruhetag angesagt. Kurz nach Sonnenaufgang haben wir einen fantastischen Blick auf den Kibo, den Mawenzi und die Ebene weit unter uns. Der Kibo ist weiß. Es hat über Nacht geschneit. Unser Frühstück nehmen wir erst gegen 8.30 Uhr. Axel freut sich schon auf das speziell für ihn zubereitete Porrege. Eine eklige Schleimsuppe, wie Frank S. findet. Er schüttelt sich. Aber auch Frank H. findet dieses glibberige Zeug wenig appetitlich. "Sieht aus wie Eiter", äußert er ganz trocken. "Das ist ja erbaulich", vernehme ich vom Nachbartisch, an dem eine andere Gruppe ebenfalls Porrege zum Frühstück verzehrt. Wir wollen uns heute viel Zeit lassen und ein wenig ausruhen. Während wir zum Frühstückstisch schlurfen, sehen wir wie die "Wanderstock-Gruppe" zu einem Ausflug aufbricht. Wir haben viel Zeit und philosophieren weiter über Musik und Filme. Im Speiseraum des Haupthauses laufen gestreifte Mäuse hin und her. Wenn man die Füße stillhält, kann es passieren, dass man von einer Maus angeknabbert wird. Edwin kommt in den Speisesaal, fragt, wie es uns geht und sagt, dass wir einen kleinen Ausflug über die Upper-Route zum Mawenzie-Sattel machen werden.

Wir treffen uns gegen 9.30 Uhr. Der Weg führt hinter den Hütten zunächst einen sehr steilen Weg bergauf. Schon bei den ersten Metern spüre ich die Höhe und meine Atmung wird schneller. Ich verspüre leichte Kopfschmerzen, die aber nach kurzer Zeit nachlassen. Frank H. geht es ähnlich wie mir. Während der Tour fängt es an zu regnen. An den Zebra-Rocks machen wir eine kurze Rast. Wir fragen Edwin wie die Streifen von den Felsen zu erklären sind. Die Erklärung die er uns gibt, scheint uns nicht plausibel. Entstanden sind die Streifen, wie ich später nachlese, durch Sinterungen. Wir sind jetzt auf etwa 4.000 Meter Höhe. So hoch war noch keiner von uns. Der Regen hört wieder auf, aber es ist sehr kalt. Die Vegetation nimmt immer mehr ab und es gibt nur noch vereinzelte heidekrautartige Büsche. Wir gehen weiter, zum Teil steigt der Weg steil an. Axel geht in einem gleichmäßigen aber relativ schnellem Tempo bergauf. Wir hegen den Verdacht, dass Axels 'Turbo' irgendetwas mit Porrege zu tun haben muss. Nach einiger Zeit schickt Edwin John hinter Axel her, um ihn einzufangen. Schließlich erreichen wir den Mawenzie-Sattel in 4.345 m Höhe. Wir kehren um und erreichen gegen 13.30 Uhr wieder die Horombo-Hütten.

Nach dem Lunch ziehen wir uns in unsere Hütte zurück, um ein wenig zu schlafen. Frank H. misst Axel den Puls und stellt überrascht fest, dass Axels Puls unregelmäßig geht. Wir machen uns große Sorgen um Axel. Soll er mit diesem Puls weiter aufsteigen? Wir verschieben die Entscheidung bis zur Kibo- Hütte. In der Nachbarhütte sind 4 Finninnen einquartiert. Frank H. macht sich über ihre 8 bandagierten Knie lustig. Am nächsten Tag treten alle 4 den Rückmarsch an, ohne auch nur den Gipfel gesehen zu haben. Auf dem Weg zum Abendessen treffe ich mit einem Mitglied der "Gänsemarsch-Gruppe" zusammen. Er fragt, ob wir Bergerfahrung haben. Mit so großen Höhen haben wir natürlich keine Erfahrung aber viel gelesen über Höhenkrankheit und die damit verbundenen Probleme. Ich frage ihn nach Kopfschmerzen und er schaut mich verwundert an. "Wieso Kopfschmerzen? Wovon soll ich Kopfschmerzen kriegen?" Ich erkläre ihm ein wenig über Höhenkrankheit. "Na klar habe ich darüber gelesen. Aber man kann ja auch nicht alles behalten", ist seine Antwort. Er fragt mich, ob wir ihm ein paar Schmerztabletten abgeben können. Ich gebe ihm zwei Aspirin und gehe zum Essen.

Im Speisesaal warten schon wieder die Mäuse auf uns. Nach dem Essen gehen wir früh zu Bett. Ich höre noch etwas Musik und wir philosophieren wieder über einige Filme. Frank S. erinnert sich an die Zeit als Jugendlicher und seinen Fußballverein. "Wir hatten da einen Trainer," sagt er zu uns, "das war ein richtiger Motivationskünstler.

Hat er zumindest gedacht. Vor jedem Spiel stand der mit hochrotem Kopf und Schweißperlen auf der Stirn vor uns und brüllte: '...da müsst ihr giftig sein wie die Spinne... und stechen wie die Hornisse! Da muss et knaaallllllen!" Vor allem Frank H. lacht sich kaputt über die Wortwahl und an den nächsten Tagen motiviert er uns immer wieder, bei jeder passenden und unpassenden Gelegenheit mit diesen Worten. Diesmal kann ich ohne Schlaftablette einschlafen. Aber vorher macht Frank S. noch Videoaufnahmen von mir, wie ich in Unterhose, T-Shirt und klobigen Wanderschuhen vor der Hütte Wasser lasse. Die Kamera hat tatsächlich Nachtsichteigenschaften! Während der Nacht regnet es wieder und über der weiten Ebene unter uns sieht man Gewitter mit kräftigen Blitzen aufziehen.

Aufstieg zur Kibo-Hütte

Am nächsten Morgen bekommen wir wie immer zwei Schüsseln und ein Schälchen mit Seife zu unserer Hütte gebracht, um unsere Morgentoilette durchzuführen. Das Wasser ist zwar wie immer heiß, aber zweimal 250 ml ist nicht gerade viel für vier stinkende Männer! Mittlerweile sind meine Haare schon total fettig und kaum mehr zu bändigen. Die beiden Waiter, die uns auch das Essen bringen, gehen wieder zurück. Einer von beiden trägt immer einen langen blauen Kittel und eine weiß-rote Nike-Mütze. Der andere trägt über einer langen schwarzen Unterhose eine bunte Bermuda-Shorts. So oder ähnlich sind auch die anderen Träger gekleidet. Während der Tour tragen die meisten die Gepäckstücke auf dem Kopf und gehen wesentlich schneller als wir von Hütte zu Hütte. Ein komisches Gefühl ist das schon, wenn man sieht, wie andere zum Teil schmächtige dünne Burschen unser Gepäck den Berg hoch schleppen. Man darf allerdings nicht vergessen, dass ein Träger für den Lohn und das Trinkgeld einer Tour seine Familie für einen ganzen Monat ernähren kann. Es gibt außerdem eine Vorschrift, die besagt, dass jeder Tourist, der auf den Kilimandscharo geht, mindestens zwei einheimische Personen für die Besteigung anheuern muss.

Axel misst seinen Puls. Er geht wieder absolut regelmäßig. Trotzdem raten wir ihm, nach unserer Tour zum Arzt zu gehen. Beim Packen seines Seesackes stellt er fest, dass er seine Funktionsunterwäsche, die lange Unterhose und seine Handschuhe in der Safari-Tasche vergessen hat. Dafür hat er sein Moskitonetz eingepackt. Macht nix. Von Frank S. bekommt er Fleecestrümpfe als Handschuhersatz und von mir bekommt er eine Jogginghose als lange Unterhose. Nach dem Frühstück geht es gegen 8.30 Uhr weiter in Richtung Kibo-Hütte. Wieder hält sich an diesem Tag das Wetter und wir haben unterwegs kaum Regen. Diesmal steigen wir über die Lower-Route auf, die etwas länger aber dafür nicht ganz so steil wie die Upper-Route ist. Die Vegetation geht immer mehr zurück. Es gibt nur noch niedrige heidekrautartige Pflanzen und Moospolster, die den ersten Teil des Weges säumen. Kibo und Mawenzie sind beide wolkenverhangen und nur selten geben die Wolken den oberen Teil des Kibo frei. Auf endlosen langen Wegen vor uns zieht sich der Trail, auf dem wir die Träger mit den Lasten auf dem Kopf sehen. Wir begegnen der Medizinerin, die den Akklimatisationstag ausgelassen hat und sich nun auf dem Rückweg vom Gipfel befindet. Sie ist bis Gilman's Point gekommen. Wegen ihrer schmerzenden Knie sei sie nicht mehr zum Uhuru-Peak gegangen, sagt sie uns. Sie wünscht uns viel Glück und geht weiter bergab. Frank S. erzählt mir später, dass diese Begegnung sehr wichtig für ihn war. "Wenn die es bis Gilman's Point geschafft hat, dann können wir das auch", sagt er. Die bestimmt aus 30 Personen bestehende Amerikaner-Gruppe, die ebenfalls am Vortag zum Gipfel aufgebrochen sind, begegnet uns einzeln auf unserem Weg nach oben. Bei einigen Amerikanern, die uns sagen, dass sie oben waren, sind wir skeptisch, ob sie es wirklich geschafft haben. Einer von ihnen, mit großem Übergewicht, antwortet genervt auf unsere Fragen. Er sieht krank aus und hat es eilig nach unten zu kommen. "Der hat den Gipfel garantiert nicht geschafft. Das war glatt gelogen," denke ich bei mir.

Wir erreichen die wüstenähnliche Hochfläche zwischen Kibo und Mawenzie. Der Weg zieht sich unendlich lang vor uns dahin. Die Luft wird hier oben schon spürbar dünner. Wir gehen weiterhin sehr sehr langsam und werden wieder von anderen Gruppen überholt. An einer Stelle des Weges, nach einem sehr steilen Anstieg spielt Frank S. eine "Hermann Anlauf Szene" nach. Frank H. filmt die Szene. "Hermann Anlauf, Klappe, die Erste," ruft er uns zu. Wir lachen und scherzen über die Szene. Es geht uns ausgezeichnet. Keine Kopfschmerzen oder irgendwelche Anzeichen von Höhenkrankheit. Das liegt mit Sicherheit an Diamox und den Mengen an Flüssigkeit, die wir zu uns genommen haben. Auf dieser Hochfläche bekommen die meisten Wanderer mit den ersten Erscheinungen der Höhenkrankheit zu tun. Auf ca. 4.500 m Höhe treffen Upper- und Lower-Route zusammen. Hier gibt es nur noch vereinzelte Flechten auf den Steinen. Ansonsten ist das hier oben eine endlos scheinende Steinwüste. Axels Puls, den er ständig kontrolliert, ist während des gesamten Aufstieges normal. Gegen 12.30 Uhr kommen wir an der Kibo-Hütte auf 4.700 m Höhe gelegen an. Wir bekommen ein Zimmer mit 10 Betten für uns alleine zugewiesen. Die Hütte ist ein kalter Betonbau, der wegen der Gitter vor den Fenstern an ein Gefängnis erinnert. Mittlerweile hat es zu schneien angefangen. Es ist eisig kalt hier oben. Wieder machen wir Hermann-Anlauf-Scherze, wie: "In dieser Höhe ist nichts normal." oder "Hier lacht keiner mehr!" Ab der Kibo-Hütte ist der Mann mit dem Diplom aus dem Herz-Echo-Labor wieder nach unten abgestiegen.

Eingangstür zur Kibo-Hütte

Gegen 13.00 Uhr erhalten wir eine kleine Mahlzeit (Suppe) und legen uns hin, um auszuruhen. Immer wieder müssen wir nach draußen in die Kälte um Wasser zu lassen. Frank S. und Frank H. rauchen vor der Hütte ihre letzte Zigarette und nehmen sich dabei gegenseitig auf. Zunächst will das Feuerzeug gar nicht angehen. Ist ja auch klar, der Sauerstoffgehalt der Luft beträgt höchstens noch 60%. Die "Gänsemarsch-Gruppe" ist neben uns einquartiert. Wir erfahren, dass es einigen, besonders den beiden Frauen nicht sehr gut geht. Wir treffen beide auf dem Flur. Auf seine bekannte und besonders diplomatische Weise spricht Frank H. die beiden an: "Sagt mal. Welcher Schwachmane hat euch denn erklärt, mit Wanderstöcken so schnell den Berg rauf zu gehen? Das war doch wohl grundverkehrt!" " Unser Guide wird schon wissen, was er macht", gibt die eine von sich und wir merken, dass beide keine Lust auf weitere Gespräche haben. Das kann Frank H. überhaupt nicht verstehen. Mittlerweile hat Axel seinen Puls wieder gemessen und bittet Frank H. darum, noch mal zu messen. Mit ernstem Gesicht stellt Frank H. fest, dass der Puls wieder unregelmäßig geht. Axel beschließt daraufhin, nicht weiter mit aufzusteigen. Für ihn ist das eine ungeheuer schwierige Entscheidung. Wir sind erleichtert, dass er selbst die Entscheidung trifft. Gleichwohl beeindruckt mich diese richtige und mutige Entscheidung. Wir anderen fühlen uns ganz wohl. Leichtes Kopfweh, das aber immer wieder weg geht.

Gegen 17.00 Uhr bringen die beiden Waiter unser Abendessen: Spaghetti Bolognese. Frank S. lässt uns im Unklaren, warum die Bolognese Sauce nicht sein Ding ist. Vielleicht weil das Fleisch vor fast einer Woche die Haken einer Bretterbude am Marangu Gate geziert hat. Wir essen alle nicht sehr viel, trinken aber mindestens 2 große Thermoskannen heißen Tee. Es gibt viele Wanderer, die hier oben gar nichts mehr zu sich nehmen können. Der Magen verdaut in dieser Höhe nicht mehr. Wir legen unsere Sachen für den Aufstieg zurecht, entscheiden uns für Dealer Franks sauberen 5-Stunden-Schlaf und legen uns in unsere Schlafsäcke. Wenn überhaupt schlafe ich nur sehr oberflächlich.

Gipfelsturm auf den Kilimandscharo

Gegen 23.30 Uhr werden wir geweckt. Draußen ist alles weiß. Es hat wieder kräftig geschneit. Wir machen uns fertig für den Aufstieg. Es gibt noch einmal heißen Tee und Kekse. Ich bin sehr aufgeregt, aber ich denke, den anderen geht es ähnlich. Gegen 0.30 Uhr beginnen wir mit dem Aufstieg. Wir sind mal wieder die letzten. Ein letztes mal sagt uns Frank H. seinen Lieblingsspruch, der sich im Endeffekt auch bewahrheiten sollte: "Erst am Morgen werden die Schafe gezählt! Denn nachts kommt der Wolf!" Wir schalten unsere Taschenlampen ein und gehen ganz langsam im Gänsemarsch durch das zunächst flache aber ständig steiler werdende Geröllfeld. Vor uns erkennen wir mindestens drei Gruppen in einer Lichterprozession den Berg in Serpentinen hinaufsteigen.

Der Weg zieht sich endlos lang wie Kaugummi. Ich starre nur auf die Füße meines Vordermannes. Beim ersten Schritt atme ich ein und beim nächsten wieder aus. Dabei denke ich mir im gleichen Rhythmus die folgende Litanei, die mich den ganzen Weg nach oben begleitet: "Ich schaff' den Gipfel!" Schritt nach vorne, einatmen, "Ich bin stark!" anderer Fuß nach vorne, ausatmen. Edwin geht vorne weg und bestimmt das Tempo. Bereits im ersten Drittel überholen wir die "Gänsemarsch-Gruppe", die immer wieder wegen Höhenkrankheitssymptomen anhalten müssen. Frank H. kann es sich beim vorbeigehen nicht verkneifen, sein obligatorisches "Morgens werden die Schafe gezählt!" auszusprechen. Wir erreichen Meyer's Cave in etwa 5.200 m Höhe und machen hier eine kleine Rast. Der Verleger Dr. Hans Meyer bestieg 1889 als erster nach zwei vergeblichen Versuchen zusammen mit Ludwig Purtscheller den Kilimandscharo. Die nach Meyer benannte Höhle diente Bergsteigern vor dem Gipfelsturm als Biwakschutz bevor die Kibo-Hütte gebaut wurde. Irgendwo auf dem Weg kurz vorher lag ein Schild mit der Höhenangabe 5.000 Meter. Frank H. und Frank S. sind riesig enttäuscht, da ihre Uhren mindesten 150 Meter mehr anzeigen. Sie justieren ihre Uhren zurück. Das ist nicht so einfach, mal eben 150 Höhenmeter in diesem steilen Gelände zu verlieren. Ich habe glücklicherweise erst später davon erfahren.

Im nächsten Teil des Aufstieges, der immer steiler und anstrengender zu werden scheint, kommen wir an einer jungen Frau und ihrem Guide vorbei. Die Frau hat sich gerade übergeben und sieht auch nicht gesund aus. Ich weiß nicht, ob sie weiter gegangen ist. Wir steigen jedenfalls weiter von absoluter Dunkelheit umgeben auf. Über uns nur ein sternenklarer Himmel. Immer wenn ich mal nach oben schaue, komme ich sofort aus meinem Rhythmus und ich drohe, das Gleichgewicht zu verlieren. Deshalb starre ich wieder auf die Schuhe meines Vordermannes: Schritt vor, Einatmen "Ich schaff' den Gipfel!" anderer Fuß nach vorne, ausatmen, "Ich bin stark!".

Vor uns ziehen nur noch zwei kleine Gruppen den Berg hinauf. Deutlich an ihren Lampen zu erkennen. Edwin und John stimmen immer wieder Lieder an, die sie singen oder summen, um uns etwas abzulenken und den Berg 'gnädig' zu stimmen. Ansonsten reden wir nur sehr wenig. Jeder ist mit sich selbst beschäftigt. Mein Puls, den ich hin und wieder messe, ist permanent zwischen 120 und 140.

Nach dem Geröllfeld beginnt eine leichte Felskletterei. Jetzt müsste doch bald Gilman's Point kommen! Man glaubt, gleich hat der Weg ein Ende, da erhebt sich aus der Dunkelheit ein neuer Schatten. Schließlich, pünktlich zu Sonnenaufgang, erreichen wir Gilman's Point auf genau 5.715 m Höhe.

Die Gipfeltafel am Gilman's Point

Gilman's Point gilt als inoffizieller Gipfel. Viele Bergsteiger sind mit dem Erreichen dieses Punktes bereits zufrieden und kehren hier wieder um. Das Erreichen von Gilman's Point gilt bereits als erfolgreiche Besteigung, für die es am Gate eine Urkunde gibt. Lediglich eine Eisenstange kennzeichnet den Gipfel. Der Sonnenaufgang ist fantastisch. Wir sind total euphorisch und machen Bilder von der Gipfeltafel, dem gegenüberliegenden Mawenzie-Gipfel und dem gigantischen Kibo-Krater.

Frank H. nimmt schon die zweite Aspirin-Tablette und macht vor der Kamera Werbung für Bayer. Rechts können wir den Stufengletcher erkennen und auf der anderen Seite des Kraters sehen wir den Uhuru-Peak. Der Uhuru-Peak ist der absolut höchste Punkt in Afrika und damit der offizielle Gipfel. Ein Katzensprung, denke ich. Aber Vorsicht, das sind noch ca. 180 Höhenmeter. Erstaunt stellen wir fest, dass das Wasser in unseren Flaschen gefroren ist. Ich trinke trotzdem und esse ein Stück Schokolade. Das war ein Fehler, wie sich später herausstellen sollte. Zur Zeit geht es uns allen gut und wir beschließen, weiter zum Uhuru-Peak zu marschieren. Ein letzter Blick über die Aufstiegsroute nach unten. Ich erkenne die "Gänsemarsch-Gruppe" weit unten marschieren. Dann geht es weiter.

Ich habe meine Stöcke ausgezogen und gehe nun mit Ihnen durch den Schnee weiter. Der Weg fällt zunächst etwas ab, bevor er hinter Stella-Point wieder leicht bergauf geht. Verdammt, diese Steigung spüre ich enorm. Jede Steigung in dieser Höhe verlangt von mir das letzte ab. Ich atme schwer durch den Mund ein und aus und muss mehrfach stehen bleiben und mich auf meine Stöcke stützen. Nach einer halben Stunde treffen wir auf zwei Amerikaner, die offensichtlich über eine andere Route aufgestiegen sind. Sie beenden gerade ihre Pause und gehen hinter uns. Wir kommen zum vorletzten längeren Anstieg (Scharte). Hier muss ich eine Pause machen und ich merke, dass Frank S. ebenfalls schwer atmet und über die Pause ganz froh ist. Frank H. will unbedingt weiter. Er hat hier bereits stärker werdende Kopfschmerzen, wie ich später erfahre. Mein Kopfweh hält sich in Grenzen, trotzdem nehme ich noch eine Aspirin zu mir. Dann geht es weiter. Links von uns erhebt sich eine gewaltige Eiswand, die sich bis zum Uhuru-Peak hinzieht. Gigantisch! Tolle Fotomotive.

Auf dem letzten Teilstück begegnen wir zwei weiteren Amerikanern, die bereits auf dem Rückweg sind. Der eine deutet an, dass es nur noch 60 m hinter der vor uns liegenden Felsengruppe sind. Als wir jedoch die Felsengruppe passieren, stellen wir fest, dass es noch mindestens 200 m sind auf einem immer noch leicht ansteigenden Pfad. Ich atme schwer ein und aus und denke, 'das nimmt gar kein Ende mehr'. Die beiden anderen Amerikaner sind ebenfalls wieder auf dem Rückweg. Gegen 8.05 Uhr erreichen wir den Gipfel.

Am höchsten Punkt Afrikas

Ich bin völlig erschöpft und bekomme Tränen in die Augen. Frank S. filmt mich dabei. Meine Gefühle sind schwer zu beschreiben. Mir wird klar, dass ich jedes Ziel erreichen kann, wenn ich will. Das tut dem Selbstbewusstsein unheimlich gut. Für mich ist nichts unmöglich! Gleichzeitig weiß ich, dass schafft nicht jeder. Aber es steckt ja auch eine ganze Menge Arbeit und Vorbereitungszeit darin. Ich spüre den Puls des Lebens!

Unmittelbar kommt mir der Gedanke, dass ich ja auch wieder hier runter muss. Ein langer Rückweg liegt noch vor uns. Meine Kopfschmerzen nehmen zu. Ich nehme wieder eine Aspirin. Der Ausblick über den Reuschkrater, den riesigen Kraterkessel des Kibos, und das weite Wolkenmeer unter uns ist fantastisch. Hinter uns erhebt sich eine riesige Eiswand (Kersten Gletcher), im Osten ist der Mawenzi zu erkennen und im Südwesten der 4.566 Meter hohe Mount Meru. Diese Augenblicke am höchsten Punkt Afrikas werden wir in unserem ganzen Leben nie wieder vergessen. Auf dem Gipfel stehen eine Eisenstange mit der tansanischen Flagge, eine Tafel mit der Freiheitserklärung Tansanias und eine Kiste für das Gipfelbuch. Wir tragen uns ins Gipfelbuch ein, machen ein paar Fotos und gehen wieder zurück.

Viel später in Arusha lese ich einen Text, den Frank S. auf einige Postkarten geschrieben hat: "Wir haben ‚The Roof of Afrika' bestiegen! Unsere Körper mussten unvorstellbare Schmerzen ertragen, aber ebenso unvorstellbar schön, war der Moment, als wir mit Tränen in den Augen den Gipfel erreichten. Hier in Tansania ist alles anders: Back to basic." Er drückt das aus, was auch ich denke. Noch heute, da ich diese Zeilen schreibe, beschleicht mich, bei dem Gedanken an diese Minuten, ein gigantisches Gefühl der Freiheit und Zufriedenheit.

Der Abstieg verlangt von mir, noch einmal die letzten Reserven freizusetzen. Ich denke, nur nicht hier oben liegen bleiben. Hier holt dich keiner mehr ab. Frank S. fragt Edwin: "Sag mal, was macht ihr eigentlich, wenn einer von uns nicht mehr weiter kann?" "Dann holen wir den Rettungsdienst," bekommt er zur Antwort. "Und wie lange dauert das?" fragt er besorgt weiter. "Och, die steigen ziemlich schnell auf. So in ungefähr fünf Stunden können die hier sein," sagt Edwin. Tolle Aussichten, denke ich. Meine Kopfschmerzen werden stärker. Ich nehme wieder eine Aspirin. Mehrmals versuche ich, durch tiefe Atemzüge Luft zu holen, aber hier ist viel zu wenig Sauerstoff in der Luft. Alle meine Muskeln und Organe schreien nach Sauerstoff. Ich will so schnell wie möglich runter. Frank H. ist bereits vorgegangen. Wegen seiner starken Kopfschmerzen versucht auch er so schnell wie möglich nach unten zu kommen. Immer wieder halte ich an, um Luft zu holen, aber auch um auf Frank S. zu warten, der immer wieder anhält, um seinem Körper möglichst viel von dem wenigen Sauerstoff zuzuführen. Ich habe den Eindruck, dass auch unsere beiden Guides, vor allem Edwin, müde sind. Immer wieder, wenn wir anhalten, setzt er sich hin und wartet, bevor er uns weiter folgt. John ist bereits vorgegangen und begleitet Frank H. auf seinem Abstieg. Mir wird übel! Ich hätte die Schokolade nicht essen dürfen, denke ich. Mein Mund ist trocken, ich brauche Wasser, aber meine Vorräte sind erschöpft. Frank S. gibt mir von seinen Flaschen ab. Kurz hinter Gilman's Point, noch in der Felsengruppe, muss ich mich fürchterlich übergeben.

Sofort danach geht es mir besser und wir gehen durch das Geröllfeld nach unten. Diesmal jedoch nicht in Serpentinen sondern schnurstracks nach unten. Das geht ganz schön in die Unterschenkel. Immer wieder halten wir an, um auszuruhen und Sauerstoff aufzunehmen. Der Weg zieht sich unendlich lange hin. Schließlich sehen wir die Kibo-Hütte, in der uns Axel bereits mit "Congratulations" empfängt. Wir sind beide total fertig. Frank H. sitzt auf seinem Bett, lehnt seinen Kopf an ein Kissen und möchte am liebsten vor den stechenden Kopfschmerzen weg laufen. Auch sein Gesicht verrät die Anstrengung. Ich lege mich sofort in meinen Schlafsack. Ich habe fürchterliches Sodbrennen. Kein Wunder - nach soviel Aspirin! Hinter mir liegen die anstrengensten Stunden meines Lebens. In den letzten 26 Stunden haben wir höchstens 4 Stunden geschlafen, sind 17 Stunden auf- bzw. abgestiegen und haben 2.200 Höhenmeter gemacht. Axel erzählt uns, dass man den "Kopfschmerzen-Mann" aus der "Gänsemarsch-Gruppe" den Berg hinuntergetragen hat. Auch die beiden Mädels seien schwer höhenkrank. Zweifellos haben auch wir das unseren Frauen abgegebene Versprechen, kein Risiko einzugehen, nicht immer so ganz eingehalten.

Nach einer Stunde gegen 12.00 Uhr bringen uns die Waiter eine heiße Suppe. Ich kann nur wenig essen. Mir ist wieder schlecht und ich habe Kopfschmerzen. Wir sind ziemlich gereizt und verspüren überhaupt keine Lust, bereits zwei Stunden nach der Rückkehr vom Gipfel, den 11 km langen Abstieg zur Horombo Hütte anzutreten. Gegen 13.00 Uhr brechen wir auf. Nach etwa 200 m muss ich mich wieder übergeben. Auch diesmal geht es mir sofort danach viel besser. Wir gehen relativ langsam den Trail weiter nach unten. Unterwegs fängt es an, leicht zu regnen. Frank H. und Axel gehen weit vor uns und sind bald außer Sichtweite. Nach 20 min. überholen wir den "Kopfschmerzen-Mann". Mit dem Daumen nach oben deutet er uns an, dass er bis auf Gilman's Point gekommen ist. Aber zu welchem Preis? Er geht aufgestützt auf einen Träger ganz langsam weiter. Sein Gesicht ist aufgequollen, die Lippen sind blau, er ist kreidebleich und man sieht ihm an, dass er sich quält. Wir wünschen ihm noch alles gute und gehen weiter.

Gegen 16.00 Uhr erreichen wir die Horombo-Hütten. Frank S. legt sich sofort zum Schlafen hin, während wir noch eine kleine Mahlzeit zu uns nehmen. Ich kann wieder nicht viel essen. Zacharias kommt und fragt, ob uns das Essen nicht geschmeckt hat. Ich sage ihm, zum x-ten Mal, dass ich mich wundere, wie er bei diesen Umständen solch 'exquisite' Mahlzeiten (natürlich total übertrieben) auf den Tisch zaubert. "Das Essen war wie immer super, aber wir hatten nicht viel Hunger," sage ich und erkläre ihm, dass Frank S. nichts essen wollte und sich bereits zum Schlafen hingelegt hat. Im selben Moment sieht Zacharias Frank S. durch die Fensterscheibe in Richtung Toilette gehen und beginnt damit, einen Teller mit Essen für ihn zusammenzustellen und bringt ihm das Essen in die Hütte. Frank S. hat Mühe zu erklären, dass er nichts essen kann. Schließlich einigt man sich auf eine Tasse Tee, die ihm einer der Waiter in die Hütte bringt. Mit Edwin vereinbare ich, dass einige Träger, die uns morgen früh verlassen werden, ihr Trinkgeld erhalten. Wir gehen alle früh zu Bett und schlafen vor Erschöpfung sofort und ohne Schlafmittel ein.

Abstieg zum Gate und zurück nach Arusha

Am nächsten Morgen stehen wir sehr früh auf und packen zum letzten Mal unsere Rucksäcke. Vor der Hütte machen wir wieder unsere morgendliche Katzenwäsche. Ich kämme meine Haare. "Daraus willst du auch noch was machen?" fragt Axel. "Pass mal auf, wie das gleich aussieht", gebe ich zurück. "Von hinten siehst du ja schon mal ganz toll aus", sagt Frank S. und filmt mich dabei. Doch der Versuch, die fettigen Haare zu bändigen, geht völlig daneben. Gegen 6.30 Uhr gibt es Frühstück. Das Frühstück fällt deutlich bescheidener aus, da wir alle Vorräte an Kaffee, Tee, Kakao und Milchpulver bereits auf der Kibo-Hütte aufgebraucht haben. Der Tee, den uns Zacharias ersatzweise besorgt hat, muss durch ein Sieb gefiltert werden. Wir freuen uns jetzt schon alle auf unser Hotel und eine Dusche in Arusha.

Noch vor dem Frühstück deute ich Edwin an, dass er die Träger zu unserer Hütte bringen soll, denen ich das Trinkgeld geben will. Er deutet an, dass wir die Geldübergabe an einer anderen Stelle hinter der großen Hütte machen wollen. Ich sage ein paar schöne Worte: "Sehr zufrieden, blablabla, schwere Arbeit, blablabla...", gebe jedem Träger die Hand und 10,- US$. Es sind insgesamt vier Träger gekommen. Edwin sagt mir, dass ein weiterer Träger bereits nach unten gegangen sei und ich ihm dafür das Geld geben soll. Ich gebe ihm das Geld und weiß genau, dass das gelogen ist. Er erzählt, dass insgesamt vierzehn Träger mit nach oben gegangen sind. Ich glaube aber, es waren nur dreizehn. Deshalb versuche ich mir die Kleidung und die Gesichter der vier Träger genau zu merken, damit ich später am Gate bei der Bezahlung der restlichen Träger nicht noch mal einen bezahlen muss, der bereits sein Geld erhalten hat. Die Träger bedanken sich bei mir und wir gehen wieder auseinander. Man muss wissen, dass das Geben von Trinkgeldern absolut freiwillig geschieht und nicht selbstverständlich ist. Sieht man sich allerdings den geringen Verdienst der Träger an, sollte man sich überlegen, ob man das Trinkgeld vorenthält. Andererseits darf man auch nicht zu großzügig sein und auf die teilweise rabiaten Forderungen der Führer eingehen. Man sollte bedenken, dass der Lohn und das Trinkgeld ausreichen, um eine tansanische Familie einen Monat lang zu ernähren. Wir haben uns vorher ausführlich über die üblichen Trinkgelder informiert und sind sogar etwas darüber gegangen.

Später beim Frühstück kommt Edwin in den Speiseraum und fragt, ob er mit mir reden kann. Ich frage ihn was los sei. Er sagt mir, die Träger fühlten sich 'unhappy' wegen des geringen Trinkgeldes, das sie von mir erhalten hätten. Ich sage: "Lass uns vor die Tür gehen und weiterreden." Ich möchte nicht, dass die anderen Touristen unser Gespräch mitbekommen. Draußen frage ich ihn warum sich die Träger 'unhappy' fühlen. Er sagt mir, dass sie ein deutlich höheres Trinkgeld erwartet hätten. Die Tour hätte immerhin 6 Tage und nicht wie üblich 5 Tage gedauert und wir seien ja auch wegen ihnen bis zum Uhuru-Peak gekommen. Ich sage ihm, dass ich nun etwas 'unhappy' sei, weil erstens das Trinkgeld eine freiwillige Sache sei und wir uns zweitens genau nach der Höhe des Trinkgeldes erkundigt haben. Ich sage ihm, dass wir Bücher gelesen haben, im Office gefragt haben und mit anderen Touristen darüber gesprochen haben, sodass ich genau weiß, was normalerweise an Tip bezahlt wird. Außerdem sage ich ihm, dass wenn die Träger mehr Geld bekommen sollten, dieses Geld bei der Bezahlung der Guides fehle, weil wir nur einen Gesamtbetrag für Trinkgelder zur Verfügung haben. Er argumentiert noch etwas mit mir und wir einigen uns auf 15 US$ pro Träger, aber ich verweise noch mal auf den Gesamtbetrag der Trinkgelder, der jetzt deutlich reduziert sei. Er sagt nichts mehr und zieht mit den Dollar-Noten von dannen. Dieses Gefeilsche geht mir auf den Keks.

Nach dem Frühstück rauchen wir unsere obligatorischen Frühstückszigaretten und machen uns auf den Weg nach unten. Diesmal gehen wir alle sehr schnell. Wir wollen duschen! Weiter unten im Regenwald treffen wir eine Gruppe Wanderer, die im Aufstieg begriffen sind. Wir trauen unseren Augen kaum: "Die haben ja hier schon die Gamaschen angelegt!" ruft Frank H. aus. Seine weiteren Kommentare will ich mir an dieser Stelle ersparen. Nach etwa 2,5 Stunden erreichen wir die Mandara-Hütten. Kurz vor den Hütten macht Frank H. einige Video-Aufnahmen von Affen, die durch die Bäume klettern. Wir leisten uns jeder eine Flasche Bier für 2 US$. Das Bier schmeckt wieder! Und nach einer halben Stunde gehen wir weiter. Diesmal gehen wir nicht den schmalen schöneren Touristen-Trail sondern den breiten Fahrweg. Die Straße ist 'under construction'. Alle 300 bis 400 Meter stehen fünf oder sechs schwarze Bauarbeiter, die dabei sind Wälle aufzuwerfen, die das während der Regenzeit vom Berg kommende Wasser von der Straße ableiten sollen. Einer von den Arbeitern ist beschäftigt, während die anderen umherstehen und zuschauen. Ansonsten gibt es von unserem Weg nach unten nicht mehr viel zu berichten.

Gegen 12.30 Uhr, mindestens eine Stunde früher als geplant, erreichen wir Marangu-Gate. Am Office müssen wir uns in ein Buch eintragen, welches den Nachweis darüber führt, dass wir an Uhuru-Peak waren. Am Vortag sind mindestens 25 Amerikaner eingetragen. Naja, ob die aber alle oben waren? Im Gipfelbuch waren gar nicht so viele Eintragungen am Vortag! Wer seinem Guide genug Geld bietet, erhält auch die Bestätigung, dass er oben war. Wenn mir zukünftig einer seine Urkunde von der Gipfelbesteigung zeigt, den frage ich auf jeden Fall auch nach seinem Gipfelfoto. Ich tausche noch einige Dollar-Noten in kleinere Scheine für die Trinkgelder um. In einiger Entfernung vom Office an einem kleinen Picknick-Platz bringt uns Zacharias unser Lunch-Paket und für jeden eine Flasche Coca-Cola. Edwin stellt uns die Gipfel-Urkunden aus. Wir vereinbaren mit ihm, dass er, sein Bruder John und Zacharias abends ins Hotel kommen und von uns zum Essen eingeladen werden. "Aber bitte kein Wort davon zum Direktor," sagt er zu uns. Anschließend erstehen wir noch einige Postkarten in dem kleinen Souvenirladen. Die Welt soll ja wissen, dass wir 'oben' waren.

Danach geht die Prozedur mit der Trinkgeldzahlerei weiter. Ich sage Edwin, dass die Träger nun zur Übergabe des Trinkgeldes kommen sollen. Mit den vielen Dollar-Noten komme ich durcheinander. "Mach mal langsam", sagt Frank S. "und bleib ganz ruhig." Die beiden Waiter erhalten jeder 20 US$, Zacharias bekommt 50 US$, John 60 US$ und Edwin erhält 70 US$. Edwin bedankt sich nochmals bei uns und fordert uns auf, in den Wagen einzusteigen, der uns zum Office zurückbringen soll. Vorher verschenkt Frank H. noch seine Bergschuhe und seine Jacke mit Fleece (...die ist ja nur von 'Mc Kinley'!). Da blitzt wieder seine unnachahmliche Art auf, wenn er uns über Produkte von Mc Kinley aufklärt. Wer bei Frank H. schlechte Karten hat, der bekommt mit hundertprozentiger Sicherheit sein Fett weg - und Mc Kinley hat bei ihm verdammt schlechte Karten!

Nach fast zwei Stunden erreichen wir Arusha. Wir halten vorher noch an einer Apotheke, da Axel ein Malaria-Prophylaxe-Mittel kaufen möchte. In der Apotheke erfährt er, dass es für Prophylaxe mit 'Artenam' zu spät ist. Er kauft trotzdem eine Packung 'Artenam' als Stand-by. Frank H. und Frank S. haben sich bei der Malaria-Prophylaxe für Doxyciclin entschieden. Doxyciclin ist ein Antibiotikum und muss einen Tag vor Einreise in das Malariagebiet eingenommen werden. Ich habe mich nach langem hin und her und 'auf-die-Nerven-gehen meiner Freunde' (...man kann sich auch über-informieren...) für 'Malarone' entschieden. 'Malarone' ist in Deutschland zur Prophylaxe nicht zugelassen aber wesentlich besser verträglich als 'Lariam'. In den USA und in mehreren anderen Ländern der Welt ist 'Malarone' auch als Prophylaxe-Mittel zugelassen. Ich habe keinerlei Probleme mit dem Mittel. Über den Lautsprecher der Funkanlage in unserem Auto meldet sich der Direktor von Roy-Safaris und möchte, dass wir nochmals im Office erscheinen. Wir stimmen uns kurz ab und sind uns sicher, dass ihm der Fehler mit den Geldbeträgen (nach meinen Berechnungen haben wir nur für drei und nicht für vier Personen bezahlt) aufgefallen ist. Axel und Frank H. lassen sich ins Hotel fahren, während Frank S. und ich mit den anderen ins Office fahren um unsere Reisetaschen abzuholen. Ich bin froh, dass Frank mitkommt und ich nicht alleine mit dem Direktor verhandeln muss.

Theofilo Mbise begrüßt uns wie immer mit breitem Grinsen und mit den Händen in der Luft wedelnd. Der Direktor begrüßt uns und bittet uns Platz zu nehmen. Er lässt Lulu eine Cola für uns holen. Danach fragt er, wie die Tour war und wie es uns gefallen hat. Wir loben Edwin und seine Crew über den grünen Klee und zeigen uns sehr zufrieden. Danach erscheint ein weiterer Mitarbeiter von Roy-Safaris im Office und der Direktor zieht sich mit ihm in sein kleines 'Glas-Office' zurück. Es gibt einige Diskussionen zwischen den beiden. Danach kommt der Direktor zu uns und erklärt uns, dass einem seiner Mitarbeiter (komisch, ich dachte ihm!) ein Fehler unterlaufen sei. Er braucht mindestens 15 Minuten um zu erklären, dass wir nicht für vier Personen sondern nur für drei Personen bezahlt haben. Dabei wiederholt er sich mehrmals in seiner Erklärung und fragt uns mehrmals, ob wir verstanden haben. Wir haben längst vor seinen Ausführungen verstanden. Er betont, dass er kein Geld mehr von uns fordern kann, appelliert aber an unsere Moral als Gentlemen. Wir können natürlich auf einmal etwas schlechter Englisch als vorher und verstehen nur die Hälfte von dem, was er sagt. Wir sagen ihm allerdings, dass wir verstanden haben und auch bereit sind über die ganze Sache nachzudenken. Da wir jetzt kein Geld haben, sagen wir ihm, dass wir am nächsten Morgen wiederkommen wollen. Außerdem deuten wir ihm an, dass wir ja auch noch an einer Lodge-Safari über fünf Tage interessiert sind. Vielleicht kann er uns bis zum nächsten Tag ein günstiges Angebot ausarbeiten. Ich glaube, dass der Direktor in dieser Nacht schlecht schläft, da 865 US$ auch für Roy-Safaris kein Pappenstiel sind. Wir wissen genau, dass sein Safari-Angebot nicht zu unserem Nachteil ausfallen wird.

Wir fahren mit Edwin zurück ins Hotel und verabreden uns mit ihm um 19.00 Uhr. Es ist jetzt 15.30 Uhr. Axel und Frank H. haben in der Zwischenzeit ein Appartement (Block B2) bezogen, das deutlich besser ist, als unsere zwei Doppelzimmer in der ersten Nacht. Hier lässt es sich aushalten. Wir erzählen den anderen beiden die Geschichte aus dem Office und gehen duschen. Tut das gut! Danach hole ich die beiden mitgebrachten Plastikboxen aus der Reisetasche und bei guter Musik und einer Flasche Bier, die uns der Ober aus dem Restaurant gebracht hat, beraten wir, was wir weiter unternehmen. Wir beschließen, unseren für Samstag geplanten Rückflug auf Mittwoch umzubuchen, da wir nach der Safari so schnell wie möglich nach Hause wollen. In Arusha oder Dar es Salam in Hotels rumzuhängen bringt gar nichts. Also ab nach Hause. Außerdem wollen wir zwei weitere Tour-Operator aufsuchen, um Vergleichsangebote für Roy-Safaris einzuholen. Den restlichen Tag wollen wir nutzen um Geschenke zu kaufen. Ob das alles klappt, was wir uns für den nächsten Tag vorgenommen haben? Axel zeigt sich wie immer optimistisch: " Das ist doch kein Problem. Wir buchen den Flug einfach um und buchen die Safari. Das wird bestimmt schön. Toll, ach ist das herrlich", fügt er wie immer an. "Abwarten", sagt Frank S. Ich rufe bei KLM an und wahrhaftig können wir den Flug auf Mittwoch umbuchen. Wir müssen am nächsten Tag in das KLM-Büro in Arusha kommen. Das Hotel-Appartement buche ich für eine weitere Nacht.

Wir haben uns ausgehfertig gemacht und riechen wieder besser, als auf dem Trail zum Kili. Nur Frank S. meint: "Hier riecht alles immer so komisch in Afrika! Irgendwie ranzig oder muffig." Ich registriere seine Aussage, sage aber nicht, dass der Geruch von mir ausgeht. Ich habe als Mücken-Repellant 'Sanzarine' benutzt. Wir lassen Edwin, John und Zacharias eine ¼ Stunde warten. "Das gehört sich hier so," erklärt uns Frank S., "die sollen ruhig merken, wer hier wem was zu sagen hat." Wir treffen alle drei im Restaurant. Auch sie haben sich umgezogen und geduscht. Wir begrüßen uns und vereinbaren im Hotel zu bleiben und hier zu essen. Edwin sagt uns, dass es nicht so gut wäre, wenn wir als Weiße in Arusha nach Einbruch der Dunkelheit spazieren gehen würden. Tansania sei zwar viel friedlicher als Kenia, aber nur tagsüber könne man sich als Weißer auf den Straßen frei bewegen.

Naja, frei bewegen können wir uns bisher nicht. Überall, wo der Wagen von Roy-Safaris geparkt wird, sind sofort mehrere Straßenhändler da, die uns umringen und allerlei Dinge anbieten: Batiken, Speere, Wörterbücher, Zeitungen vom Vortag und sonstigen Unsinn; immer zu total überhöhten Preisen. Das ist absolut lästig und wir sind immer bemüht, auf unsere Wertsachen aufzupassen. Wir bestellen das Essen; für die drei Eingeladenen bestimmt ein Festessen, das sie nicht alle Tage bekommen. Das Steak, dass ich bestelle, ist wie immer zäh, dafür garantiert BSE-frei. Zacharias hat Mühe, mit Messer und Gabel zu essen und bekleckert sich mehrfach. Wir erzählen und erzählen den ganzen Abend. An dem Film von der Gipfelbesteigung, den Frank S. mit seiner Video-Kamera zeigt sind alle drei sehr interessiert. Besonders John, der uns viel sympathischer ist als Edwin, zeigt sich sehr interessiert. Sogar einige Bedienungen aus dem Restaurant kommen hinzu und schauen sich den Film an. Edwin ist nur daran gelegen, am nächsten Tag einen Termin mit uns zu vereinbaren, um mit uns einige Geschenke einzukaufen. Wir verabreden uns auch für 14.00 Uhr des nächsten Tages. Bevor wir auseinandergehen tauschen wir noch die e-Mail-Adressen aus und versprechen Fotos bzw. Videos zu schicken. Als die drei gegangen sind, trinken wir noch in aller Ruhe ein Kilimandscharo-Bier bevor wir in unsere mit Moskito-Netzen überspannten Betten gehen.

Tarangire, Serengeti und Ngorogoro-Krater

Safari durch die Nationalparks von Tansania

Von Manfred Jakob

Organisationen in Arusha

Am nächsten Morgen habe ich Glück. Die Lautsprecher-Anlage des Muezzin ist genau auf das Zimmer von Frank S. und Frank H. gerichtet. Unser Zimmer liegt im Innenhof der Hotel-Anlage. Ich muss grinsen, wie Frank S. mir voller Grauen von den morgendlichen Weckritualen berichtet. Gegen 7.30 Uhr sitzen wir am Frühstückstisch, um wieder das karge Frühstück zu uns zu nehmen. Damit wir wenigstens etwas im Magen haben, bestellen wir jeder ein Rührei, am besten schmeckt das 'spanische Rührei' mit allerlei Gemüse. Gegen 8.00 Uhr bestellen wir ein Taxi. Bevor wir mit dem Taxi losfahren, muss der Preis verhandelt werden. Ich setzte mich auf den Vordersitz und erkläre dem Fahrer, dass wir ihn und sein Gefährt bis etwa 12.00 Uhr mittags brauchen um verschiedene Adressen in der Stadt anzufahren. Ich biete ihm dafür 5 US$. Er lacht und verlangt 30 US$. "So ein Quatsch," sagt Frank H. "dann gehen wir eben zu Fuß." Es dauert etwa eine halbe Stunde bis wir uns bei 15 US$ einig werden. Davor rechnet der Fahrer mehrmals den Preis auf seiner Handfläche (dies habe ich mehrfach in Afrika beobachtet) in Tansania-Schilling um.

Wir setzen uns ins Taxi und los geht die Fahrt. Ich bemerke, dass die Lenkung des Fahrzeugs einen Defekt hat; in Rechtskurven quietscht und kreischt irgend etwas ganz furchtbar. Unsere erste Adresse ist das KLM-Büro mitten in Arusha. Das KLM-Büro ist ein modernes gut klimatisiertes Office. Wir werden von einem Angestellten der Gesellschaft bedient. Das Umbuchen der Flüge ist gar kein Problem und kostet jeden von uns 100,- DM. Das wiederum ist ein Problem, da nicht jeder von uns DM dabei hat. Aber schließlich können wir auch das regeln.

Wieder zurück im Taxi fahren wir die nächste Adresse an, eine angeblich laut Buch alteingesessene Reisegesellschaft in Arusha. Der Fahrer kennt die Adresse nicht und so fahren wir zum Informations-Office für Touristen. Auch hier ist die Adresse nicht bekannt. Also suchen wir die nächste Adresse auf: die State-Travel-Agency. Die staatliche Tansanische Reisegesellschaft. Im Büro des Geschäftsführers hängt ein Kopf einer riesigen Antilopenart. Der Geschäftsführer ist ein sehr redegewandter aalglatter Afrikaner, der uns sofort seine Visitenkarte übergibt. Er macht uns ein Angebot für eine 5-tägige Safari in Mittelklasse Lodges zum Preis von 1.075 US$ pro Person. Ich denke, wir hätten ihn noch auf 1.000 US$ pro Person herunterhandeln können. Er zeigt uns voller Stolz den Wagenpark der Firma, alles Range-Rover-Fahrzeuge, die man während einer solchen Safari auch benötigt. Bevor wir sein Büro verlassen, müssen wir uns alle noch in das Gästebuch der Firma eintragen. Vermutlich erhalten wir zukünftig einige Werbesendungen von der Gesellschaft.

Der Fahrer des Taxis wartet bereits auf uns. Wir lassen uns zur nächsten Bank fahren, um einige Dollar in Schilling umzutauschen. Während die anderen in die Bank gehen, bleibe ich im Wagen sitzen und unterhalte mich mit dem Fahrer. Er erklärt mir, dass er in Marangu geboren sei und noch vor 5 Jahren als Guide auf den Kilimandscharo gewandert sei. Der Job als Taxifahrer gefällt ihm viel besser, weil er weniger anstrengend ist. Jetzt lassen wir uns ins Office von Roy-Safaris fahren. Ich bin schon auf unsere Diskussion gespannt. Zuerst fährt uns der Fahrer zu dem internen Office, findet aber bald den Weg zum richtigen Büro, wo uns wieder Theofilo mit Zahnlücke grinsend empfängt.

Der Direktor begrüßt uns und erläutert uns, dass er eine schöne 5-tägige Lodge-Safari ausgearbeitet hat. Er erklärt uns die Reiseziele: Tarangire, Serengeti und Ngorongoro-Krater. Hört sich schon mal fantastisch an. Als er uns den kalkulierten Preis nennt, muss ich an mich halten, dass ich nicht sofort ja dazu sage. Er nennt uns 635,- US$ als sein äußerstes Angebot und geht später noch auf 625,- US$ herunter. Wir besprechen uns kurz und sind uns einig, sein Angebot anzunehmen. Die Lodges, die er für uns ausgesucht hat, gehören zu den Spitzenlodges in Tansania. Wir erklären ihm, dass wir die Safari buchen.

Nun kommt der spannendere Teil der Verhandlungen. Frank S. kommt auf die Nachzahlung der Kili-Tour zu sprechen. "Ich bin froh, dass Sie von sich aus darauf zu sprechen kommen," erklärt er uns. Wortreich erläutert ihm Frank S. in Englisch, dass wir seine fatale Situation verstehen, aber nicht bereit sind, den vollen Betrag zu zahlen. "Wie viel?" fragt er und Frank S. bietet ihm die Hälfte des Preises an. Ich merke, wie ihm die Kinnlade herunterklappt. Damit hat er nicht gerechnet und angesichts des angebotenen Safari-Preises wissen wir auch, dass das zuviel ist. Aber Preise verhandeln gehört zum Tagesgeschäft in Afrika. Er geht telefonieren und kommt wieder, um uns zu erklären, dass das inakzeptabel sei. Wieder beginnt er uns seine Situation zu erklären. Nach vielem hin und her bietet er uns an, auf die 35,- US$ pro Person (Mehrpreis für die Umbuchung) zu verzichten. Wir beraten und beschließen weiter zu verhandeln. Er geht wieder telefonieren und bittet mich, zum Telefon zu kommen. Susan, die Besitzerin der Firma, ist am Telefon. Sie erklärt mir lange und breit die Situation und appelliert an uns als Gentlemen, das Angebot anzunehmen. Zwischendurch bricht die Telefonverbindung zusammen. Wir beschließen, 50,- US$ zu verlangen. Ich gebe das an Susan weiter. Wieder fängt Sie von vorne an, mit mir zu diskutieren. Ich sage schließlich zu und wir werden uns bei 35,- US$ einig. Aus meiner Sicht ist das ganze ein tolles Ergebnis.

Wir sind uns einig, dass das ein überaus erfolgreicher Tag war. Wir bezahlen die Safari und behalten 165,- US$ bis zur endgültigen Bezahlung nach der Safari zurück. Wir bekommen das ausgearbeitete Tour-Programm ausgehändigt. Am nächsten Morgen soll uns ein Fahrer von Roy-Safaris am Hotel abholen. Alles läuft so wie geplant. Wir lassen uns von dem Taxi-Fahrer wieder zurück ins Hotel fahren und bezahlen die vereinbarten 15,- US$.

Gegen 14.00 Uhr kommt Edwin ins Hotel. Wir lassen ihn wieder die obligatorischen 15 min. warten. Er erklärt uns, dass er ein Taxi organisiert hat. Den Preis hat er auch schon verhandelt: 5.000,- Tansanische Schillinge. Wir fahren zum Stadtrand von Arusha. Dort gibt es eine noble Touristeneinkaufsfirma namens Cultural Heritage. Hier gibt es alles zu kaufen: Holzschnitzereien, Bilder, Batiken, T-Shirts usw. Mehrere dunkelhäutige verschmitzt dreinblickende Verkäufer empfangen uns und fragen uns nach unseren Wünschen. Sie erklären uns, dass alle Preise Marktpreise sind und jeder Preis verhandelbar sei. Bei einem kleinen Holzelefanten, den ich auf höchstens 20,- DM schätze, nennt der Verkäufer den Preis von 80,- US$. Ich stutze und sage gar nichts. "Nenn mir deinen Preis und eröffne die Verhandlung," sagt der Schwarze zu mir. Ich muss nachdenken, aber viel Zeit dazu lässt er mir nicht. "Das ist eine gute Qualität und alles Handarbeit," sagt er. Ich biete ihm 10,- US$ und bin damit eigentlich schon an meinem äußersten Angebot. Das war schon ein Fehler. "Willst du mich ruinieren?" fragt er vorwurfsvoll und nennt 50,- US$ als sein äußerstes Angebot. Ich biete 20. Er sagt, er muss Rücksprache halten und kommt zurück mit 40 $. Ich sage ihm, dass das viel zu teuer sei und ich nicht mehr interessiert bin. Das kann er gar nicht glauben und redet auf mich ein, weiter zu bieten. Ich schaue mich nach anderen Dingen um und jedes Mal ist es das gleiche Spiel: Ein total überzogener Marktpreis, ein zu niedriges Gegenangebot, Fragen an der Kasse oder Rechnen auf der Handfläche und wieder das ganze von vorne. Für mich ist das frustrierend.

Eigentlich brauche ich gar nichts, denke ich bei mir und halte mich zurück. Den anderen geht das genauso. Frank H. und Axel kaufen einige Kleinigkeiten und wir verlassen den Laden wieder. Draußen erklärt mir Frank S.: "Weißt du, was der mir angeboten hat? Mach die Tasche auf und nimm die Elefanten und zahl mir einen niedrigeren Preis ohne an der Kasse vorbeizugehen." "Und, was hast du gemacht?" frage ich. "Ich habe natürlich nein gesagt, oder glaubst du, ich will hier ins Gefängnis wandern." antwortet Frank S. Verkäufer, die in die eigene Tasche wirtschaften! Edwin und der Fahrer warten schon auf uns. Wahrscheinlich ist Edwin über seine Provision wegen der paar Kleinigkeiten, die wir gekauft haben enttäuscht, aber das ist uns egal. Wir fahren zurück zum Hotel und verabschieden uns von Edwin.

Abends gehen wir im Restaurant des Hotels essen. Ich habe mich wieder mit Sanzarine eingeschmiert. "Irgendwie riecht hier in Afrika alles immer gleich komisch, igittigitt, so süßlich" sagt Frank S., der neben mir geht. "Ist dir eigentlich mal aufgefallen, dass ich so rieche?" frage ich ihn. "Du bist das! Setz dich bloß heute Abend nicht neben mich", bekomme ich zur Antwort. Das Repellant riecht zwar unmöglich, aber dafür hält es jedes Moskito (und wie ich jetzt weiß, nicht nur Moskitos) davon ab, auch nur in meine Nähe zu kommen. Ich beschließe, am nächsten Tag ein anderes Mittel auszuprobieren, weil Sanzarine macht einsam!

An diesem Abend werden wir von einer jungen hübschen Afrikanerin bedient. Sie scheint ein Auge auf Axel geworfen zu haben. Ich probiere Hühnchen in Currysoße. Geschmacklich ist das ganz gut, aber es befinden sich fast nur Knochen auf meinem Teller. Frank H. liest in Axels Reiseführer. "Hier steht, dass in Afrika über 80 % aller Prostituierten Aids-positiv sind. Wenn du dich mit so einer einlässt, ist das wie Russisch-Roulette", erzählt er uns. "Aber Russisch-Roulette mit fünf Kugeln in einem sechs-schüssigen Revolver", sage ich. Alle lachen. Ein Ober kommt an unseren Tisch und fragt, ob er eine Zigarette haben kann. Frank H. gibt ihm eine. Er nimmt das auf dem Tisch liegende Feuerzeug, geht ein paar Schritte weg, tut so, als ob er die Zigarette anmacht und bringt das Feuerzeug wieder. Wir können deutlich erkennen, dass die Zigarette gar nicht an ist. "Die verkauft er jetzt irgendwo", sagt Axel und wir müssen lachen. Nach dem Essen gehen wir schlafen.

Beginn der Safari

Heute morgen hat keiner von uns das Gequäke aus dem Lautsprecher des Muezzin (man kann sich an alles gewöhnen) gehört. Wir sind froh, dass das die letzte Übernachtung in unserem 'Luxus-Hotel' ist. Vor allem Frank S. kann den Sanzarine-Geruch, den ich auch in unserem Hotel Zimmer verbreitet habe, nicht mehr riechen. Nach einem erneuten "Rührei-Toast-Früchte"-Frühstück holt uns Paul, der Guide und Fahrer während unserer Safari, am Hotel ab. Paul ist ein kleiner, gedrungener und tiefschwarzer Afrikaner. Zu seiner dunkel-braunen Wollhose mit passender Weste trägt er ein blütenweißes Hemd. Nur an seine babyblauen Mokkasin-Schläppchen an seinen Füßen muss sich unser Auge erst gewöhnen. Er ist uns auf Anhieb sehr sympathisch.

Wir stellen uns der Reihe nach vor. "Manfred, how are you?" sage ich. "Hello, my name is Axel," stellt sich Axel vor. "Frank," sagt Frank S.. "Frank, also", sagt Frank H. Paul hat aber nicht 'also' (englisch gesprochen) sondern 'Otto' verstanden und fortan heißt Frank nicht mehr nur Frank sondern 'Frank-Otto' für Paul. Wir lassen ihn in dem Glauben und amüsieren uns wieder einmal köstlich. Überhaupt ist die ganze Reise für mich von vielen kleinen Anekdoten und Witzen geprägt. Ich verschwende keinen einzigen Gedanken an meinen Job zu Hause. Wir vier passen halt sehr gut zusammen. Jeder trägt mal irgendwie zur Belustigung bei und wie sagt schon Heinz Erhardt: "Wer den Schaden hat, spottet jeder Beschreibung".

Unsere erste Fahrt geht zum Office von Roy-Safaris, wo unsere Bergrucksäcke zur Aufbewahrung abgeben werden (Theofilo Mbise muss ich ja nicht mehr erwähnen, obwohl er uns mal wieder, mit den Händen haarscharf unter der hölzernen Decke wedelnd, begrüßt). Und jetzt geht's los. Das ganze gestaltet sich als das krasse Gegenteil unserer ersten Tour: Luxus pur! Aber dazu komme ich noch. Gegen 9.00 Uhr verlassen wir Arusha über eine der wenigen geteerten Straßen des Landes in Richtung Dodoma. Bei Kwa-Kuchinja biegen wir auf eine Schotterpiste links ab in Richtung Tarangire Nationalpark. Der Tarangire Nationalpark, der 1970 eingerichtet wurde, ist 2.600 qkm groß und ist wie auch die anderen Parks Teil eines viel größeren Landes, in dem das Wild im jahreszeitlichen Wechsel zu den Weideplätzen wandert. Die Landschaft gestaltet sich offen und flach und liegt in etwa 1.100 m Höhe. Es gibt einige wenige kleinere Hügel. Auffällig sind die großen Affenbrotbäume, auch Baobabs genannt. Ansonsten sieht man viele Akazien. Einige Bäume sehen aus, als ob an ihnen Würste hängen. Paul erklärt uns, dass dieser Baum 'Sausage-tree' genannt wird.

Gegen 10.30 Uhr erreichen wir das Gate. Paul muss den obligatorischen Papierkram erledigen und wir machen eine kurze Rast. Die Sonne brennt uns aufs Haupt. Wir tragen alle Hüte oder Kappen und sind dick mit Sonnencremes eingeschmiert. Den anderen zuliebe habe ich heute ein anderes Mückenspray benutzt. Nach ein paar

Minuten kommen mehrere Busse mit ganzen Schulklassen an. Die Kinder im Alter zwischen 5 und 10 Jahren steigen aus den Bussen aus und gehen in Reih und Glied an uns vorbei zur Toilette. Alle tragen Schuluniformen. Die Kinder sind fröhlich und grinsen uns an. Einige grüßen uns überschwänglich und wir machen Fotos.

Giraffe im Tarangire-Nationalpark

Dann geht es hinein in den Park. Den Eingang bildet eine etwa 1,8 m hohe Betonmauer, auf der uns, wie an einer Perlenkette aufgereiht, diverse Elefanten- und Büffelschädel begrüßen. In die Mitte der Mauer ist ein Eisentor eingelassen. Ein Uniformierter mit einem riesigen Gewehr öffnet es uns. Unser erstes 'Game-drive' kann beginnen. 'Game-drives' sind Tierbeobachtungen in freier Wildbahn und aus nächster Nähe aus einem meist oben offenen Fahrzeug. Wir sehen die ersten Antilopen und Dikdiks (Zwergantilopen). Paul hält den Range-Rover jedesmal an und erklärt uns die Eigenheiten der einzelnen Spezies. In der Ferne sehen wir einige Elefanten und Giraffen. Sogar einen Leoparden, der in einer Entfernung von 50 m zum Auto in einem Baum liegt, können wir bewundern. Er hat eine Antilope gerissen, die direkt vor uns in einem Gebüsch liegt. Paul erklärt uns, dass die Antilope zu schwer ist. Der Leopard wird sie bei Einbruch der Dunkelheit zerteilen und die Teile mit auf den Baum nehmen um sie zu verzehren. Auf dem Weg zur Lodge fahren wir über den ausgetrockneten Tarangire Fluss und beobachten eine Pavian-Familie, die in nächster Nähe an unserem Auto vorbeiwandert.

Gegen 13.00 Uhr erreichen wir die Tarangire Sopa Lodge. Wow! Eine Lodge der Superklasse! In der riesigen Eingangshalle werden wir mit kühlen feuchten Tüchern und einem Begrüßungsdrink empfangen. Wir tragen uns ins Gästebuch ein und unser Gepäck wird von vier in bunten afrikanischen Gewändern gekleideten Angestellten zu unseren Apartments gebracht. Die Apartments sind in kleinen runden Hütten, jeweils eins im Ober- und eines im Untergeschoss untergebracht. Ich nehme ein Zimmer mit Axel zusammen. Die Apartments bestehen aus einem größeren Vorraum mit Minibar, einem großen Schlafraum mit zwei Doppelbetten und einem Badezimmer. Über den Betten sind Moskito-Netze angebracht. Nachdem wir uns frisch gemacht haben gehen wir zum Lunch. Hinter den Apartmenthütten befindet sich ein kleiner Swimming-Pool und ca. zehn große mit runden Strohdächern überdachte Picknick Plätze. Vor dem Küchenhaus ist das kalt-warme Buffet aufgebaut. Wir nehmen an einem etwas abseits gelegenen Picknick-Schirm Platz, bestellen die Getränke und gehen zum Buffet. Das Essen ist hervorragend. Als Nachtisch gibt es noch Obstsalat und Kaffee. Wir genießen den Luxus nach unserem Kili-Trip. "Das ist ja super toll hier", sagt Axel und wir stimmen ihm zu. Nach dem Essen gehen wir in unsere Apartments und legen uns für eine Stunde ins Bett.

Axel schläft sofort ein. Ich lese noch in meinem Reiseführer und höre dazu Musik. Draußen regnet es in Strömen. Gegen 15.00 Uhr gehen wir wieder zum Empfang, wo uns Paul zum nachmittäglichen 'Game drive' bereits erwartet. Es hat aufgehört zu regnen. Frank H. hat eine kurze Hose angezogen. Ich erzähle ihm von den hier vorkommenden Tse-Tse-Fliegen, die zwar keine Schlafkrankheit, dafür aber große rote Flatschen auf der Haut hinterlassen. Er zieht sich um und riecht fürchterlich nach Nelkenöl. Wir fahren wieder los und schon bald machen wir Jagd auf die ersten Tse-Tse-Fliegen, die man an den gekreuzten Flügeln auf dem Rücken leicht erkennt. Vor allem Frank S. schlägt wie wild im Fahrzeug um sich. Die Biester sind ganz schön zäh und lassen sich kaum erlegen. Wir bekommen immer mehr Routine in der Fliegenjagd. Einmal denke ich, jetzt geht die Scheibe des Wagens kaputt, als Axel mit der Faust eine Fliege erledigt. Wir fahren vorbei an mächtigen Bao-babs und Sausage-trees. Unterwegs sehen wir viele Vogelarten, die Paul alle kennt und beim Namen nennt. Ein sehr fachkundiger Guide. Aber uns interessieren eigentlich mehr die großen Tiere. An diesem Nachmittag sehen wir allerdings keine mehr.

Um 18.30 Uhr kehren wir wieder zur Lodge zurück. Axel lädt Paul auf ein abendliches Bier ein. Der lehnt jedoch sofort ab. Dies scheint nicht üblich zu sein, im first class Restaurant. Wir verabreden uns am nächsten morgen um 8.00 Uhr. Ab 19.00 Uhr gibt es im großen Speisesaal Dinner. Vorher gehen wir duschen und ziehen uns um. Gegen 19.30 Uhr treffen wir uns im Speisesaal. Ein Tisch ist bereits für uns reserviert und nachdem wir unsere Getränke (natürlich Kilimandscharo Bier) bestellt haben, erhalten wir die Speisekarte. Wir können zwischen zwei Vorspeisen, zwei Suppen und vier Hauptgerichten, sowie zwei Nachtischen wählen. Wir trauen uns hier auch Fisch, natürlich aus dem Viktoriasee, zu wählen. Das Essen schmeckt hervorragend. Nach dem Essen gehen wir noch zur Bar. Es gibt hier 'Tamutapi', einen Longdrink, der in großen Bechern in Massaischnitzerei serviert wird. Wir genießen das Luxusleben und schwärmen gegenseitig von den noch vor uns liegenden Tagen. Wir sind wie immer hier in Afrika früh müde und gehen gegen 23.00 Uhr zu Bett. Die Moskitonetze sind ausgebreitet und das ganze Zimmer ist mit Mückenmittel eingesprüht. Wir schlafen alle schnell ein.

Fahrt zur Serengeti

Um 7.30 Uhr gibt es ein tolles Frühstücksbuffet. In der Zwischenzeit lädt Paul unser Gepäck auf das Dach des Range-Rover und deckt die Taschen mit einer grünen Plane ab, die er mit Gummibändern (aneinandergeknotete Fahrradschläuche) befestigt. Das Fahrzeug ist so konzipiert, dass man zwei Klappen des Daches öffnen kann und während des Game-Drive fotografieren kann. Wir begrüßen Paul, wie jeden Morgen mit afrikanischem Handschlag und einigen freundlichen Worten. Um 8.00 Uhr geht es los. Gegen 9.30 Uhr verlassen wir den Tarangire Nationalpark und fahren zurück bis Makuyuni und biegen dann Richtung Nordwesten in die Piste zur Serengeti ein. Es beginnt eine Fahrt über eine fürchterliche Schotterpiste. Wir fahren durch den Ort MtoWaMbu, was so viel heißt wie 'Mückenfluss'. Die Hauptstraße ist wegen Bauarbeiten gesperrt und so fahren wir durch einige Seitenstraßen. Das Fahrzeug holpert durch die vielen Schlammlöcher vorbei an vielen Menschen, die in ihren Sonntagskleidern auf den Straßen von der Kirche kommend unterwegs sind. Viele kleine Geschäfte in denen Frischobst oder Souvenirs verkauft werden säumen unseren Weg. Wir fahren weiter durch das Great Rift Valley, den ostafrikanischen Grabenbruch, auf die riesige fast 1.000 Meter hohe Rift Valley Wall, die weithin sichtbar ist, zu. Es geht vorbei am Gate zum Lake Manyara Nationalpark und hinein in die steile Auffahrt der Rift Valley Wall.

Am oberen Rand angekommen hält Paul das Fahrzeug an einem Aussichtspunkt an und wir haben einen fantastischen Ausblick über Rift Valley und die Wall. Paul klärt uns wie immer fachkundig über alles Wissenswerte auf. Dabei wird er von Frank S. gefilmt. Paul wird zum Entertainer. Wie aus dem Nichts tauchen mehrere Souvenirverkäufer auf. Sie bieten uns kleine Schnitzereien und Ketten an. Wir kaufen ein paar Kleinigkeiten, natürlich wie immer von schweren Preisverhandlungen begleitet, und setzen unsere Fahrt in Richtung Ngorongoro-Conservation fort. Es geht vorbei über die staubige Piste an einzelnen Dörfern durch die in 2.000 Metern Höhe gelegene Mbulu Ebene. Gegen 12.00 Uhr erreichen wir die Einfahrt in die Ngorongoro-Conservation und beschließen, unsere Pause etwas später zu machen. Axel kauft sich im Tourist Center einige schöne Übersichtskarten von den Nationalparks. Nach einer ¼ Stunde erreichen wir einen wunderschönen Aussichtspunkt über den Ngorongoro-Krater. Es ist etwas diesig geworden, trotzdem bietet sich uns eine atemberaubende fast unwirkliche Landschschaftskulisse. Der steile Kraterrand zieht sich in einer Höhe von 2.300 Metern um eine gewaltige Caldera, deren Boden fast 600 m tiefer liegt. In seiner Mitte können wir den leuchtenden Sodasee (Lake Magadi) erkennen. Alles ist grün, weil es drei Wochen vor unserer Ankunft begonnen hat, zu regnen. Der Krater des erloschenen Vulkans umfasst eine Gesamtfläche von 260 qkm und ist schüsselförmig ausgeprägt. Paul erklärt uns, dass im Krater ca. 20.000 Tiere, darunter auch die Big Five leben. Die Big Five sind Elefant, Löwe, Büffel, Leopard und natürlich auch das Nashorn. Auf einem Gedenkstein können wir den Namen Michael Grzimek lesen, der bei einem Flugzeugabsturz, im Alter von nur 25 Jahren, ums Leben kam.

Wir setzen unsere Fahrt über die mit rotem Sand ausgebaute Piste fort. Große Caterpillars reparieren die Piste. Es hat zu regnen begonnen. Gegen 14.00 Uhr hält Paul erneut an und wir packen unsere Lunch Pakete aus der Sopa Lodge aus. Der Inhalt überrascht uns angenehm. Wir lassen uns Hähnchenschenkel, Sandwiches, Wassermelone, Kuchen und andere Köstlichkeiten schmecken. Draußen regnet es in Strömen. Paul erzählt uns, dass er 40 Jahre alt ist. Er ist am Viktoriasee geboren und wohnt jetzt mit seiner Familie in Arusha. Er hat drei Kinder, von denen das jüngste offensichtlich behindert ist. Wir unterhalten uns über die Unterschiede, Weihnachten in Europa und Weihnachten in Afrika zu feiern. Wir steigen aus dem Auto aus und stellen uns unter einem Vordach eines Gebäudes unter und rauchen die obligatorische Lunch Zigarette. Paul schwärmt davon, wie es ist, wenn er nach Hause zum Viktoria See kommt. Es gibt dann immer Bananen Bier. Axel ist total angetan von der Idee, mit Paul ein paar Glas Bananen Bier zu probieren. Paul beschreibt uns, wie groß sein Kopf am nächsten Tag ist, nach dem Genuss dieses Bieres. Nach seiner Beschreibung passt man durch keine Tür mehr. "Das ist mir ganz egal", schwärmt Axel, "das muss ich unbedingt einmal probieren". Wir setzen unsere Fahrt fort und nach einer halben Stunde lässt der Regen nach. Gegen 15.00 Uhr verlassen wir die Ngorongoro Conservation und Paul macht eine kurze Pinkelpause. Paul bittet Frank S., ihn bei seiner Erklärung über die Serengeti zu filmen. Er wird immer besser als Showmaster. Anschließend lässt er sich seinen Filmauftritt zeigen und ist begeistert.

Vor uns liegt ein endloses Land. Man glaubt, man kann die Erdkrümmung erkennen. Der Name Serengeti kommt aus der Massai Sprache, ist abgeleitet aus dem Wort 'Sirin Geti' und bedeutet 'weites Land'. Treffender kann die Beschreibung nicht sein. Wir entdecken einige Punkte am Horizont. Beim Näherkommen, erkennen wir riesige Gnu Herden. Bald sind wir umgeben von Gnus und dazwischen immer wieder einige Zebras. Der Anblick ist unbeschreiblich. Vor uns, hinter uns, rechts und links der Piste: Millionen von Gnus; bis zum Horizont, soweit das Auge blicken kann!

Paul erklärt uns, dass die Gnus im jahreszeitlichen Wechsel in einem bestimmten Rhythmus wandern; immer auf der Suche nach Weideflächen. Anfang November zu Beginn der kleinen Regenzeit wandern die Gnus in die Serengeti. Ein unvergessliches Erlebnis. Die Serengeti ist wohl Afrikas berühmtestes Wildgebiet, nicht zuletzt durch das Wirken und die Filmbeiträge von Prof. Grzimek (ich erinnere mich gut an sein '...dieses kleine possierliche Tierchen...', das er oft im Fernsehen zum besten gab). 'Serengeti darf nicht sterben!'.

Wir erreichen das Naabi Hill Gate, welches in einer kleinen Hügellandschaft liegt. Paul erledigt den Papierkram und Axel und Frank H. machen sich auf den Weg zu einem Aussichtspunkt, von wo aus sie Bilder machen und einen unglaublichen Ausblick genießen. Die Serengeti ist eine brettebene Steppe, geprägt von Akazien, Savannengras und den sogenannten 'Kopjes'. Das Wort 'Kopjes' entstammt der Burensprache und bezeichnet kleine Steinhügel, die aus glatten Granitsteinen bestehen. Inmitten einer solchen Felsgruppe liegt die Seronera Wildlife Lodge, die wir nun ansteuern. Auf der Fahrt dorthin sehen wir an der Straße eine Gruppe von Junglöwen. Sie liegen faul in der Nachmittagssonne, mitten auf der Straße.

Junge Löwen mitten auf der Straße

Sie sind zum Greifen nah. Vier oder fünf weitere Safari Fahrzeuge stehen direkt neben der Gruppe. Filmkameras klicken und die Videokamera surrt.

Plötzlich startet Paul den Wagen. "Cheetah!" ruft er uns zu. Er hat über Funk gehört, wie ein anderer Fahrer einen Geparden mitten in der Savanne ausgemacht hat. Er gibt Gas und steuert das Fahrzeug gekonnt durch die Grasfläche. "Da oben ist er! Ich kann ihn sehen!" ruft Frank H. Der Gepard, ein wunderschönes Tier liegt auf einem kleinen Sandhügel. Als die Safariautos näher kommen, steht er auf und geht auf eine kleine Fläche mit Tümpeln zu. Wir machen tolle Aufnahmen. Die Fahrzeuge immer hinterher. Nach 45 min. verlassen wir den Geparden und die Savanne wieder, kehren zurück auf die Piste in Richtung Seronera Wildlife Lodge. Wir kommen vorbei an einem kleinen Flughafen und dem Serengeti Wildlife Research Institut. Unterwegs sehen wir einen Sekretärsvogel am Wegesrand und einige Hyänen, die die Straße kreuzen.

Wir erreichen die Lodge. Sie ist schon etwas älter und nicht so luxuriös wie die Sopa Lodges, dafür wunderschön angelegt. Wir tragen uns ins Gästebuch ein, verabschieden uns von Paul und verabreden uns für 7.30 Uhr des nächsten Tages. Die Zimmer sind so angelegt, dass man aus den Fenstern auf die Savanne schauen kann. Tiere ziehen an unserem Fenster vorbei. In unserem Zimmer geht kein Licht. Ich dusche trotzdem fast im dunkeln während Axel an der Rezeption Bescheid gibt. Ein Elektriker erscheint wenige Minuten später und tauscht die defekte Sicherung aus. Wir haben wieder Licht. Um 19.30 Uhr treffen wir uns im Restaurant zum Dinner. An diesem Abend habe ich mir in den Kopf gesetzt, mit Axel ein schönes Glas Rotwein zum Essen zu trinken. Ich suche einen südafrikanischen aus. Laut Ober ein trockener Wein. Er kostet 25.000 tansanische Schillinge (ungefähr 31,- US$) und schmeckt überhaupt nicht. Der Wein ist allenfalls halbtrocken und falsch temperiert. Was soll's! Ab da bleibe ich lieber wieder beim Kilimandscharo Lager Bier.

Frank S. rümpft schon wieder die Nase! Ich habe ein Hemd an, dass ich schon vorher einmal anhatte. Es riecht nach Sanzarine! Er setzt sich auf die andere Seite des Tisches. Das Dinner besteht aus einer Vorsuppe und einem warmen Buffet. Nicht so gut wie in der Sopa Lodge, aber immerhin besser als Zacharias Kili Menüs. Anschließend gehen wir noch an die Bar. Hier läuft ein Film über die Serengeti. Mindestens 20 Touris glotzen in den Fernseher. Wir wundern uns darüber, denn immerhin können die das hier doch auch Life erleben.

Wir trinken noch ein Bier, Axel bestellt einen Hennessy Cognac. So lässt es sich leben!

Serengeti Game Drive

Nach dem Frühstück geht es gegen 8.00 Uhr wieder los. Paul hat bereits die Wagendächer geöffnet. Der Wagen ist blitzblank geputzt, und getankt hat er auch. Wir hatten uns schon Gedanken darüber gemacht. Die Tankanzeige war bereits am Vortag auf Reserve. Paul sagt, dass er uns heute Krokodile zeigen will. Wir finden seine Idee hervorragend. Er fährt uns zum Grumeti Fluss. Auf der Fahrt dorthin beobachten wir einige Nilpferde in einem Wasserbecken. "Die Hippos verlassen ihre Wasserstelle gegen Einbruch der Dunkelheit und wandern zu ihren Schlafplätzen in der Savanne. Dabei legen Sie einige Kilometer zurück. Ansonsten halten sie sich den ganzen Tag im Wasser auf", erklärt uns Paul. Kurz hinter dem Hippo-Pool verlässt Paul das Fahrzeug und geht in den Busch. Er hat zuviel gegessen, sagt er uns, und bittet uns aufzupassen, das keine Löwen kommen. Da wäre ich doch nicht ausgestiegen!

Es geht weiter Richtung Grumeti. Wir kommen an einer Löwengruppe vorbei, die in einiger Entfernung von der Straße in der Sonne liegen. Unterwegs sehen wir Giraffen, Warzenschweine und einige Affen. Wir kommen zu einer ebenen von vielen Fahrzeugen befahrenen Fläche. Paul hält unseren Geländewagen an und bittet uns auszusteigen. Ich denke, ich höre nicht richtig. Steige aber mit den anderen aus dem Auto. Mir ist etwas mulmig, als wir hinunter zum Fluss gehen. Im Fluss halten sich wieder eine Gruppe von Hippos auf und in einiger Entfernung können wir drei Krokodile auf den Felsen entdecken. Glücklicherweise sind sie zu weit weg. Paul erklärt uns, dass die Krokodile bis zu 12 Metern lang werden können und hält uns einen minutenlangen Vortrag über das Zusammenleben von Hippos und Krokos. Unsere Aufmerksamkeit gilt allerdings vielmehr all den 'possierlichen Tierchen' um uns herum. Mental jedenfalls waren wir jede Sekunde zur Flucht bereit.

Eine Herde von Gnus überquert in der anderen Richtung den Fluss. Ein gefährliches Unterfangen. Ich erinnere mich an eine Szene aus einem Afrika Film über Krokodile, wie sie gerade ein Gnu reißen. Wir gehen noch zu einer anderen Stelle des Flusses, aber es sind keine Krokodile dort. Paul mahnt uns, leise zu reden und tut sehr geheimnisvoll. Wahrscheinlich will er uns noch mehr Angst machen. Komisch ist das schon, so einfach durch die Serengeti zu laufen. Wir steigen wieder in das Fahrzeug, sind augenblicklich sehr erleichtert und fahren immer in Flussnähe zurück zur Lodge. Die Wege sind sehr schlammig und mehrmals glauben wir, dass der große Range Rover stecken bleibt, aber Paul steuert das Fahrzeug mit einer unglaublichen Sicherheit. Wir sehen noch einige Giraffen und Wasserbüffel. Während der Fahrt geht mein Fotoapparat kaputt. Verdammter Mist! Ausgerechnet jetzt! Ich versuche die ganze Zeit das verdammte Ding zu reparieren. Er geht nicht mehr. In der Lodge angekommen kaufe ich noch eine neue Batterie für die Kleinigkeit von umgerechnet 50 DM. Aber auch das hilft nichts. Naja, muss ich halt ohne auskommen. Und so beschränke ich mich ab hier auf mein mitgebrachtes Fernglas. Wir gehen zum Lunch und legen uns anschließend aufs Ohr.

Um 15.00 Uhr erwartet uns Paul wieder. Vor der Lodge filmt Frank S. eine Mungo-Familie. Ein Mungo ist ein rattenähnliches Raubtier und gehört zur Familie der Schleichkatzen. Paul fährt uns zunächst zum Serengeti Wildlife Research Institut. Es beginnt wieder zu regnen während uns ein junger Afrikaner die Tiere und die Pflanzen der Serengeti näherbringt. Auf einem Felsen sitzen einige Murmeltiere. Nach der Führung geben wir dem jungen Mann einige Dollars und er geleitet uns noch in einen kleinen Laden mit Souvenirs, in dem Axel ein paar handgeschnitzte Tiere für seinen Sohn als Mitbringsel kauft. Es hat bereits wieder aufgehört zu regnen und Paul erwartet uns am Auto. Der Nachmittag verläuft ruhig und wir sehen kaum Tiere. Wir sind schon verwöhnt und lassen Antilopen, Dikdiks, Warzenschweine und Affen links liegen. Paul sagt uns, dass wir nun wieder zurückfahren werden. "In welche Richtung, glaubt ihr, liegt die Lodge?" fragt er uns. Frank H. zeigt in Fahrtrichtung. "Falsch!" triumphiert Paul und deutet uns an, dass die Lodge in der entgegengesetzten Richtung liegt. Wir haben jegliche Orientierung verloren. Wir kommen an der Lodge an, gehen duschen und anschließend zum Dinner. Nach einem Kilimandscharo Lager und einem doppelten Hennessy geht es ins Bett.

Serengeti und Einfahrt in den Ngorongoro Krater

Um 8.00 Uhr wartet Paul schon am Fahrzeug. Wir holen noch unsere Lunch Pakete ab und Paul erklärt mir, dass 'Asante' Danke und 'Karibu' Bitte auf Suahely heißt. Er verlädt wieder unsere Taschen aufs Autodach und los geht's. Wir fahren vorbei an großen Büffelherden, Geiern die sich über einen Kadaver hermachen und sehen viele Vogelarten, darunter auch einige Adler. Paul hat ein großes Buch über Vögel im Fahrzeug, dass er jedes Mal hervorkramt und uns die Arten im Buch zeigt.

Wir kommen wieder zu der Stelle, an der wir am Vortag den Geparden gesehen haben. Und tatsächlich sehen wir einige Safari Fahrzeuge in der Savanne. Paul steuert darauf zu. Es ist 10.50 Uhr und die Ereignisse überschlagen sich. Vor uns geht der Gepard auf Jagd, er hat zwei Dikdiks gewittert, und hinter unserem Fahrzeug 'düngt' Axel die Serengeti! Er hat es nicht mehr ausgehalten und muss aussteigen um sein Geschäft zu verrichten. In einiger Entfernung stehen mehrere Fahrzeuge und aus den Dächern beobachten die Touristen die Szenerie. Was sie dabei mehr interessiert, bleibt ihr Geheimnis. Axel jedenfalls ist die Erleichterung anzumerken.

Wir setzen unsere Fahrt über die Serengeti Piste fort. Die Straße wird repariert und über Kilometer liegen Erdhaufen auf der Piste, die noch von Caterpillars verteilt werden müssen. Wir werden wieder einmal ordentlich durchgerüttelt. Schließlich erreichen wir wieder das Serengeti Gate. Hier verzehren wir die mitgebrachten Lunch Pakete und gehen zum Aussichtspunkt. Wir sehen Massen von Gnus, dazwischen Zebras und ein endlos scheinendes Land. Anschließend nutzen wir die Gelegenheit für einen Gang zur Toilette. Um die mit Strohdächern bedeckten kleinen runden Häuschen zu erreichen, muss man etwa acht Stufen emporsteigen. Der Boden dieser Bedürfnisanstalt befindet sich also ziemlich genau in Augenhöhe der auf dem Weg gehenden Menschen. Da die Schwingtüren der schüssellosen Kabinen (lediglich ein Loch ist im Erdreich) erst in etwa 40 cm Höhe angebracht sind, ergibt sich für den Betrachter vom Wegesrand ein atemberaubender Anblick: man sieht die Beine der Benutzer etwa bis zum Knie und man sieht alles, aber auch wirklich alles, was der Erdanziehungskraft zum Opfer fällt!

Gegen 14.00 Uhr erreichen wir den Krater. Über eine schmale schlechte Straße geht es hinunter. Paul erklärt uns, dass es nur zwei Straßen gibt, eine führt hinein und eine zweite wieder heraus. Wir halten in unmittelbarer Nähe von einigen Wasserbüffeln. Wieder hat Axel ein dringendes Bedürfnis. Er öffnet bereits die Tür, als Paul ihn anfährt und verbietet auszusteigen. Wasserbüffel sind äußerst gefährliche und angriffslustige Tiere. Wir amüsieren uns wieder einmal köstlich über diese Szene. Er steuert das Fahrzeug einige hundert Meter weiter und hält an einem dichtbewachsenen großen Baum an. Wir steigen alle aus und genießen den Anblick des Kraters. Es ist fantastisch und wir können uns gar nicht satt sehen. In der Mitte erkennen wir den Salzteich mit tausenden von Flamingos, die sich wie ein rosarotes Band zwischen Himmel und Erde dahinziehen.

Der Ngorongoro Krater ist mit den anderen Parks nicht zu vergleichen. Er ist in jedem Fall der Höhepunkt unserer Safari. Ein unvergleichliches Naturschauspiel. Ohne dass man weit fahren muss, bieten sich immer neue Fotomotive und alle Tierarten Afrikas. Durch das Fernglas beobachten wir mehrere Safari Fahrzeuge vor uns. Paul nimmt das Fernglas und sieht sofort, dass sich in der Nähe Nashörner aufhalten. "You are lucky men!" sagt er zu uns. "So now, you have seen the 'Big Five' of Africa! Yaaaaaah!" Er beendet fast jeden Satz mit diesem langgezogenen von "Yeah" abgewandelten "Yaaaaaaah". Und wahrhaftig, schon bald erkennen auch wir die beiden weißen Nashörner. Es ist eine Mutter mit ihrem Jungen. Schon frühzeitig macht Paul den Motor aus und lässt den Wagen näher rollen. Der Wagen stoppt! Die beiden stehen in einer Entfernung von höchstens 40 Metern von uns. Ein unglaublicher Anblick! Der schönste bisher! Wir sind wirklich 'lucky men' und verweilen eine ½ Stunde, um die beiden zu beobachten und zu fotografieren. Und mein Fotoapparat ist defekt! Ich werde auf die Bilder von Frank H. zurückgreifen müssen, der mit seinem 'alten Schätzchen', einer Olympus mit Teleobjektiv viel bessere Bilder machen kann, als ich mit meiner kleinen Kamera. Und natürlich auf den Film von Frank S. bin ich gespannt, der uns schon vorher mit tollen Videofilmen überrascht hat.

Wir fahren weiter an einem Akazienwald vorbei, in dem wir eine Gruppe Elefanten ausmachen können, und sehen schon bald unser drittes Nashorn. Es ist ein graues Nashorn und vermutlich ein Männchen, wie Paul erklärt. Es gibt hier im Krater jede Menge von Wasserbüffeln und auch vereinzelte Gnus. Einige Gnus bleiben für immer hier im Krater, während andere durch den Krater hindurch wandern. Gegen Ende des Tages, wir haben noch Unmengen von Tierbeobachtungen machen können, fährt Paul das Safari Fahrzeug durch einen ziemlich ausgedorrt wirkenden Akazienwald bergauf zur Sopa Lodge. Unterwegs hinter einer Kurve fahren wir über einen Büffelkadaver, der mitten auf der Straße liegt. Frank S. bittet Paul noch einmal zurück zu fahren, um Aufnahmen von dem Kadaver zu machen. Der Kopf ist deutlich zu erkennen, der Rest sind nur noch Knochen. Es stinkt entsetzlich.

Wir fahren weiter und erreichen die Lodge. Es ist wieder eine von den Spitzenklasselodges mit einem überwältigenden Blick in den Krater. Die Lodge befindet sich in etwa 2.400 m Höhe auf dem Kraterrand. Wir werden wieder mit feuchten Tüchern und einem Fruchtsaft in der Eingangshalle empfangen, während Paul unser Gepäck auslädt. Eine mindestens aus 20 Personen bestehende Gruppe Amerikaner ist gerade vor uns angekommen. Das Einchecken dauert deshalb etwas länger. Wir genießen erst einmal den Blick von der Terrasse in den Krater. Die Apartments sind wieder in einzelnen Häusern abseits vom Hauptgebäude untergebracht. Wir gehen auf die Zimmer. Jedes Apartment hat ein großes Fenster mit Blick auf den Krater. Vor dem Fenster stehen zwei Schaukelstühle, in denen wir den beginnenden Sonnenuntergang betrachten können. Ich dusche mich und ziehe mich um.

Danach treffen wir uns mit Fotoapparat und Videokamera auf der Terrasse des Hotels. Frank S. erzählt mir, dass er und Frank H. bereits eine Tasse Kaffee mit Kuchen im Kaminzimmer getrunken haben. Wir gehen am blauschimmernden Swimmingpool der Anlage vorbei zum Rand der Terrasse. Leider ist es sehr diesig geworden und so wird es nichts mit Aufnahmen vom Sonnenuntergang.

Wir treffen den Geschäftsführer der Anlage. Er ist Schotte und lebt seit über 30 Jahren in Afrika. Er erklärt in einwandfreiem Oxford-Englisch alles Wissenswerte über den Krater, die Umgebung und die Lodge. Bei dieser Gelegenheit erhalten wir auch eine Erklärung für die vielen Tierkadaver, die wir im Ngorongoro Krater bemerkt haben. "Es hat hier 18 Monate nicht mehr geregnet", erklärt er uns, "Viele Tiere haben um das Überleben gekämpft und einige haben diesen Kampf verloren. Erst vor 14 Tagen erreichte uns der langersehnte Regen. Nun ist alles wieder grün. Darüber sind wir mehr als glücklich", fährt er fort. In der Zwischenzeit ist auch Axel zu uns gestoßen. Auch er hat geduscht und sich für unseren letzten Abend in Afrika fein gemacht.

Nach Einbruch der Dunkelheit setzen wir uns in das große Kaminzimmer, trinken Kaffee und essen ein paar Nüsse und Chips. Der Raum ist gigantisch. Ich fühle mich in die Kolonialzeit zurückversetzt. Riesige Ebenholzsäulen und eine mächtige Tür aus Ebenholz mit Massai-Schnitzereien verziert bestimmen den Raum. Durch große Fensterflächen sieht man die Lichter der Terrasse und den in die Dunkelheit getauchten Krater. Wir gehen ins Restaurant essen. Es gibt wieder ein mehrgängiges Menü. Wir sind fast fertig mit dem Essen, da können wir die Stimmen eines afrikanischen Chors wahrnehmen. Der Chor, bestehend aus Angestellten in den typischen bunten Gewändern, erscheint im Restaurant. Alle haben tolle Stimmen. Wir verlassen das Restaurant. In der Empfangshalle sitzt eine Gruppe von Amerikanern und hört einem Vortrag eines Massai-Kriegers zu. Im Kaminzimmer trinken wir noch ein Kilimandscharo Bier und lassen die Reise noch mal Revue passieren, bevor wir in unsere Betten gehen.

Rückfahrt vom Ngorongoro Krater

Gegen 7.00 Uhr gehen wir zum Frühstücksbuffet. Danach treffen wir uns auf der Terrasse der Anlage. Frank H. beginnt zu philosophieren: "Wir leben eigentlich alle unter Deck," sagt er zu uns. "Wie meinst du dass?" fragt Axel. "Naja, nur die wirklich reichen Leute leben auf Deck und können das Leben genießen." "Das ist doch totaler

Blödsinn," sagt Frank. S. "Nee wirklich. Ich bin dabei der Trommler und mache die Leute in meiner Praxis wieder fit, damit sie unter Deck weiter schuften können." Er grinst dabei, als er das sagt. Ich fühle mich keineswegs als 'Einer unter Deck'. Der Beweis dafür liegt vor uns. Ich bewundere ein letztes Mal die fantastische Natur des Kraters und wir gehen unser Gepäck holen. Paul wartet schon auf uns.

Unser letztes Game-Drive beginnt. Wir fahren durch den Akazienwald zurück in den Krater. Paul fährt zu einem tollen Picknick-Platz an einem See. Wir steigen aus dem Fahrzeug aus und machen Aufnahmen. Paul erklärt uns, dass hier die Videoaufnahmen für touristische Zwecke gedreht werden. Ein schönes Fleckchen Erde. Der Picknick-Platz liegt etwas erhöht unter einem riesigen Baum, der mit allerlei Flechten bewachsen ist und in dem viele verschiedene Vogelarten ihre Nester gebaut haben. Es zwitschert überall und hin und wieder kommt einer der Piepmätze auf den Boden geflogen, um nach Futter für den Nachwuchs zu suchen. Im See dahinter tummeln sich einige Hippos in der Morgensonne. Direkt neben uns sitzt ein Storch auf einem Stein, davor können wir einen Adler ausmachen. Frank S. geht zu dem kleinen Toilettenhäuschen auf der anderen Seite. Als er wieder aus der Tür kommt, stehen drei Zebras vor der Tür.

Wir setzen unsere Fahrt fort. Paul fährt wieder in die Nähe des Salzssees. Die Piste, über die der Wagen steuert, wird immer matschiger und wir geben einige Komplimente an Paul weiter. Er ist ein toller Fahrer. Anscheinend angespornt dadurch, sucht er immer matschigere Passagen aus. Es beginnt ein wilder Ritt durch den Matsch. Ich frage Paul: "Was passiert, wenn du hier stecken bleibst?" "Dann kommen die Ranger und ziehen uns wieder raus", antwortet er. "Wie lange kann das dauern?" frage ich etwas besorgt. "Naja, so drei bis vier Stunden, oder auch länger," gibt er zurück. Ich schaue auf die Uhr. Es ist etwa 10.00 Uhr, unser Flieger geht um 22.00 Uhr und fünf Stunden brauchen wir für die Rückfahrt. Wenn wir hier stecken bleiben, ist der Flieger weg. Ich sage Paul, dass er doch besser andere Pisten aussucht. Wir fahren aus dem Matsch. Wir kommen zu einer Stelle, wo drei männliche Löwen neben einigen Safari-Autos im Schatten auf der Straße liegen. In einiger Entfernung liegt eine Mutter mit ihren drei Jungen. Die Löwen sind zum Greifen nah. Wir können jeden Atemzug dieser imposanten Kreatur wahrnehmen. Einer legt sich direkt neben unseren Range-Rover. Ein anderer kriecht unter ein anderes Fahrzeug. Wir machen tolle Aufnahmen und genießen es ein letztes Mal, dem Reich der Tiere ganz, ganz nahe zu sein.

Eine Löwin im Ngorogoro-Krater

Danach setzen wir unsere Fahrt fort und Paul steuert den Wagen in Richtung Ausgang aus dem Krater. Wir befahren die einzige Straße, die aus dem Krater führt. Plötzlich hält Paul den Wagen an und macht den Motor aus. Er räuspert sich und beginnt mit ergreifender Mine eine Rede zu halten. Ein letztes Mal wird die Filmkamera ausgepackt. "Ich möchte mich bei euch für das Erlebnis der letzten fünf Tage herzlich bedanken," sagt er, "Wir hatten viel Spaß zusammen und haben die 'Big Five' gesehen. Jetzt könnt ihr als 'Lucky men' nach Hause fahren." Wir sind den Tränen nahe. "Erzählt all euren Verwandten, Bekannten und Freunden von unseren Nationalparks, der Schönheit der Natur und den Tieren. Helft uns, dass mehr Touristen nach Tansania kommen und dasselbe erleben, dass auch ihr erlebt habt." Seine Rede ist sehr bewegend und auch ihm steigen fast die Tränen in die Augen. Wir bedanken uns bei ihm und ich beschließe, ihm bei einer passenden Gelegenheit einige schöne Worte zu sagen. Wir setzen unsere Fahrt fort, haben einen letzten Blick in den Krater und erreichen bald das Gate zur Ngorongoro

Conservation. Es geht wieder über die Schotterpiste in Richtung Arusha.

An einem kleinen Souvenirladen am Wegesrand halten wir an, verzehren die mitgebrachten Lunch-Pakete und begutachten die Souvenirs. Das übliche Ritual mit den Preisverhandlungen beginnt. Wir kaufen einige Sachen. Ich gehe auf Paul zu, drücke ihm 80,- US$ Trinkgeld in die Hand und sage: "Das ist von uns vieren. Ich möchte mich hiermit im Namen aller bei dir bedanken; dafür dass du ein toller und sehr gebildeter Guide warst, der uns viel über die Tiere und Pflanzen der Nationalparks beigebracht hat. Das alles ist und bleibt als unauslöschliche Erinnerung in unseren Köpfen. Ich sage danke, dafür, dass du ein großartiger Fahrer warst, der uns selbst durch den tiefsten Matsch des Ngorongoro Kraters gelotst hat. Und danke, dafür, dass du ein fantastischer Showmaster für unsere Videoaufnahmen warst. Wir werden immer gerne an die Zeit mit dir zurückdenken. Danke." So oder ähnlich war der Wortlaut. Er bedankt sich nochmals bei mir und wir steigen wieder in den Range Rover, um weiter nach Arusha zu fahren.

Wir erreichen das Office von Roy Safaris. Es ist jetzt etwa 17.00 Uhr. Theofilo Mbise ist heute der Boss. Der Direktor ist auf Sansibar. Wir bezahlen das zurückbehaltene Geld und laden das zurückgelassene Gepäck wieder auf den Range-Rover, und ab geht es zum Flughafen, den wir gegen 17.30 Uhr erreichen. Wir verabschieden uns von Paul und gehen hinein. Wir sind viel zu früh. In der turnhallengroßen Schalterhalle empfangen uns lediglich drei schwatzende Putzfrauen, tausende von Moskitos und jener Dunkelhäutige, der uns schon draußen beim Gepäcktragen behilflich sein wollte. Die Dienste dieses einfach gekleideten, hageren Endvierzigers haben wir nicht ohne Grund dankend abgelehnt. Nachdem er uns einig Minuten beobachtet, sucht er das Gespräch mit uns. Es ist nicht schwer für ihn herauszufinden, dass wir mit KLM fliegen, denn an diesem Tag geht nur dieser eine Flug. Sichtlich stolz kramt er eine alte Plastikkarte von KLM aus seiner löchrigen Gesäßtasche hervor und hält sie uns unter die Nase. Er ist ein Angestellter der Fluggesellschaft, dessen einzige Aufgabe es zu sein scheint, die Ständer mit dem Absperrband 'seiner KLM' aufzustellen. Diese, seine fünf Absperrbandsständer, richtet er in einem 30minütigen Ritual mit schier unglaublicher Akribie zielgenau aus. Keiner der 5 Ständer weicht nach unzähligen Peilungen des 'Meisters der Absperrbänder' auch nur einen halben Millimeter von seiner angedachten Position ab. Bei diesem Anblick vollkommener Symmetrie sind wir felsenfest vom Eintreffen des KLM-Vorstandsvorsitzenden persönlich überzeugt. Leider blieben wir vier sowie ein halbes Dutzend weiterer Globetrotter die einzigen Gäste an diesem Abend.

Gegen 20.00 Uhr werden die Schalter, die wir jetzt jedoch erst nach Umkurven der Absperrbänder erreichen, geöffnet und wir kaufen noch einige Souvenirs in den Duty-Free-Läden. Alles ist hier viel billiger! Was soll's! Das Flugzeug startet pünktlich um 22.00 Uhr. Wir landen in Dar-es-Salam und müssen die Maschine verlassen. Gegen 24.00 Uhr geht es weiter in Richtung Amsterdam. Wir verlassen Afrika.

Rückblick

Wir sind uns alle vier einig: dass war ein Urlaub, den man nicht oft im Leben macht; ein einmaliges Erlebnis voller Gegensätze. Die Eindrücke von Afrika bleiben tief in unserem Gedächtnis haften. Während ich diesen Bericht schreibe, sehe ich immer wieder die Bilder vor mir. Afrika ist ein wunderbares Land. Die Mentalität der Leute ist manchmal schwer zu begreifen und ich glaube man braucht mehr als zwei Wochen, um alles zu verstehen. Ich bin jetzt wieder einige Wochen zurück in Deutschland. Ich bin ruhiger geworden und nehme die Dinge etwas gelassener, als vorher. Ich hoffe, der Zustand hält einige Zeit an.

Die Anstrengungen, den Gipfel des Kilimandscharo zu erreichen, haben sich allemal gelohnt. Ich würde es jederzeit wieder machen und ich glaube, die drei anderen denken genauso. Die Tour hat uns alle vier zusammengeschweißt. Die Natur der Nationalparks Tansanias ist unglaublich schön. Vieles lässt sich nicht in Worten beschreiben; man muss es erlebt haben. Wir hatten das Glück, dies alles zu sehen und erleben zu dürfen.

Auf dem Weg nach Afrika

Von Nicole Baumann

Den Auslöser für unser Afrika-Fieber gab uns ein eher zufällig entstandener Tunesien-Urlaub, bei welchem wir zum ersten Mal Wüstenluft schnupperten und uns schlagartig klar wurde: Das ist nicht das letzte Mal gewesen, wir wollen unbedingt zurück in die Wüste, länger und auf eigene Faust.

Es verstrichen Jahre. Das neue Traumziel hieß Algerien, war aber schon bald aufgrund von Terroranschlägen durch die Fundamentalisten indiskutabel. Kurz darauf fanden wir neue Freunde, die soeben aus Libyen zurückgekehrt waren und uns davon berichteten. Von Libyen hatten wir noch nie etwas gehört, doch die Bilder endloser Dünenlandschaft überzeugten uns und die Vorbereitung zu unserer ersten selbst-inszenierten Afrika-Reise begann. Anfang 1995 war das Land noch weitgehend unbekannt, Touristen eine Seltenheit. Entsprechend karg war auch das Informationsmaterial, das wir zusammentragen konnten. Ein kleines französisches Büchlein über ein Gebiet im Süden und eine ebenso kleine Routenbeschreibung für Geländefahrzeuge. Wir wussten überhaupt nicht, was uns erwartete. Ich stellte mir ein völlig unbekanntes Land vor, unendlich weit entfernt, ohne jegliche Infrastruktur und hatte irgendwie das Gefühl, dass wir dort unten verschollen bleiben werden, irgendwie einfach verschwinden. So reisten wir denn im Oktober 95 auch von Zuhause weg, mit dem unheimlichen Gefühl, für immer zu verschwinden. Doch wir hatten alle Energie in diese Reise gesteckt und für die Finanzierung wie die Verrückten gearbeitet, dass wir es einfach durchziehen mussten, koste es, was es wolle. Wir reisten mit unserem ersten VW-Büssli, einem 2-Rad getriebenen Typ 2 Wohnmobil, das sich von seiner besten Seite zeigte. Libyen war faszinierend und die Angst bald verschwunden. Die Wüste verewigte sich tief in unseren Herzen und in unseren Seelen. Nach vier Wochen waren wir um einige Lebenserkenntnisse reicher und planten schon die nächste Reise.

Diese führte uns im Oktober/November 1996 in die Türkei und nach Syrien. Wir legten in sechs Wochen gut und gerne 12'000 Kilometer zurück, ebenfalls mit unserem zuverlässigen VW-Büssli. Seit Libyen träumten wir von einem Geländefahrzeug. Meine Anforderungen an dieses waren so hoch, dass es das entsprechende Fahrzeug schlicht nicht gab.

Bis wir ans jährlich stattfindende Afrikafahrer-Treffen in Niederried bei Ins gingen und uns vor meinem Traumauto wieder fanden: Einen VW-Bus Typ 2 mit Turbo-Dieselmotor und Synchro-Getriebe, verstärktem Chassis, 16-Zoll Felgen, welche die Bodenfreiheit um einiges erhöhen, vergitterten Fenstern und doppelt abschließbaren Türen und mit selbst ausgebauter Inneneinrichtung. Uns war sofort klar: DAS ist unser Fahrzeug! Das sahen die beiden deutschen Besitzer, Jutta und Lothar allerdings anders. Sie hatten es selber vor nicht allzu langer Zeit gekauft und umgebaut und hatten überhaupt nicht im Sinn, es schon wieder herzugeben. Wir beteten die ganze Nacht am Lagerfeuer, dass sie es sich doch noch anders überlegten. Tatsächlich klopfte es am nächsten Morgen an unsere Schiebetüre. Lothar stand draußen und meinte, wenn wir noch Interesse hätten, sollten wir uns melden! Wir machten sogleich ein Freudenfest, soviel Glück auf einmal, wie lange hatten wir auf dieses Auto gewartet!

Nun galt es, das Fahrzeug von Deutschland in die Schweiz zu importieren, was dank Lothars Hilfe relativ zügig von der Bühne ging. Das Importieren ist eine Sache, das Einlösen auf dem hiesigen Straßenverkehrsamt eine andere. Man konnte uns im Voraus nicht bestätigen, jemals eine Zulassung für das Fahrzeug zu erhalten. Wir hatten keine andere Wahl, als es einfach zu probieren. Im Fall, dass es nicht funktionieren würde, hätten wir das Fahrzeug wieder nach Deutschland exportieren müssen. Dieses Risiko gingen wir ein. Dank des Ladeluftkühlers, der nachträglich eingebaut wurde und die Abgase reduziert, brauchten wir die teure Abgasmessung nicht durchführen. Lediglich eine Lärmmessung war notwendig. Diese bestand unser neues Büssli nicht, er war um drei Dezibel zu laut! Keine Chance, kommen sie wieder, wenn das Problem behoben ist. Keine einzige Garage in der Schweiz konnte uns helfen, das Geräusch zu dämmen. Man sprach von Chromstahlauspuffanlagen für dreitausend Franken ohne zu wissen, ob es nützt oder nicht, und davon, das Fahrzeug wieder zu verkaufen. Auch der Schweizer Generalimporteur von Volkswagen zeigte sich nicht kooperativ, nur das Deutsche Werk in Wolfsburg lieferte uns etwas Unterstützung.

Schließlich wurde es Andi zu bunt und er legte selber Hand an. Mit Spezialschaumstoff kleidete er den gesamten Motor ein und meldete sich erneut zur Lärmmessung an. Ich sah in dem Vorhaben nicht viel Hoffnung und war um so erstaunter, als Andi freudestrahlend nach Hause kam, das begehrte Dokument mit dem Stempel "bestanden" in der Hand! Afrika ist also doch nicht so weit von der Schweiz weg, als dass solche Methoden hier nicht auch funktionieren würden!

Endlich konnten wir das Nummernschild montieren. Nun entschieden wir uns kurzfristig, den Innenausbau neu zu gestalten, wie es für uns praktisch ist. An einem Sonntagnachmittag wurde alles demontiert, was Lothar so liebevoll eingebaut hatte. Einige Wochen lang arbeiteten wir zu viert nächtelang an unserem neuen Heim. Es wurde alles neu verkabelt, ich bekam eine neue Küche, neue Schränke und ein neues Doppelbett, ganz so, wie es in unserem alten, uns so ans Herz gewachsenen VW-Büssli eingerichtet gewesen ist.

Im September 1998 war unser 4x4-Wohnmobil fertig und wir starteten eine neue Reise nach Marokko. Wir testeten das Büssli auf Herz und Nieren und waren sehr zufrieden mit ihm. Nie hat er irgendwelche Probleme gemacht und das schönste für uns war, ohne Angst und Schaufeln durch soviel Sandfelder zu fahren, wie wir wollten. Nun konnten wir einmal triumphieren und andere festgefahrene Fahrzeuge herausziehen. Ist schon ein besseres Gefühl, mit einem 4x4 unterwegs zu sein.

Wir träumten während all den Jahren von einer Afrika-Durchquerung. Vor allem von den genialen Tierschutzgebieten Ostafrikas, von den endlosen Savannen-Ebenen mit ihren glutroten Sonnenuntergängen, von den malerischen Dörfern mit ihren ursprünglichen Menschen, von den spektakulären Landschaften, die wir in schon so vielen Diavorträgen gesehen hatten. Und von der großen Freiheit, einfach kilometerweit zu fahren und in den endlosen Horizont zu blicken. Die Afrika-Karte hängt schon lange an unserer Wand und immer wieder suchten wir neue Wege, den Kontinent zu bereisen. Eigentlich wollten wir mal ein Jahr lang gehen, doch irgendwie war die Vorstellung, alles aufzugeben, ein bisschen zu viel für mich. Es ist immer so, wenn wir gehen, denken wir, drei Monate oder ein Jahr seien endlos. Kaum sind wir unterwegs und haben uns von allem schweizerischem gelöst, könnten wir locker ewig bleiben. Der Afrika-Traum schwebte also immer in unseren Köpfen.

Im Dezember 1998 beschlossen wir, im kommenden Jahr zu heiraten. Der Grundstein war gelegt: wenn schon heiraten, dann ist ganz klar, dass es eine spezielle Hochzeitsreise geben wird. Sie soll uns für drei Monate durch Afrika führen. Die ersten Schritte waren schnell getan: Unsere Arbeitgeber wurden vor Tatsachen gestellt und innerhalb kürzester Zeit hatten wir die Bewilligung für unbezahlten Urlaub in der Tasche. Wie wir genau fahren wollten, war eigentlich fast bis zum letzten Moment unklar. Der Landweg war zeitweise möglich, zeitweise wieder nicht. Wir überlegten uns, dass uns eigentlich vor allem die Länder südlich von Äthiopien interessieren, große Teile der nördlichen Route hatten wir zuvor schon besucht und wären Wiederholung. Neben dem ganzen Hochzeitsstress (da wir alles selber organisierten) liefen auch die Reisevorbereitungen. Die letzten Zweifel legten wir allerdings erst ganz kurz vor der Abreise ab. Es könnte noch so viel dazwischenkommen.

Wir entschieden uns, unser Auto nach Kapstadt zu verschiffen. Einen Monat vor unserer Abreise brachten wir zu diesem Zweck das vollbepackte Büssli an den Hafen nach Antwerpen und verabschiedeten uns von ihm für die nächsten Wochen. Unsere größte Sorge bestand nun darin, dass es heil in Kapstadt ankommt, und das auch termingerecht. Da das Büssli eine enorme Höhe von 2.72 Meter aufweist, passt es in keinen Container und wurde offen verschifft, ein oftmals heikles Unterfangen. Doch was wir schon alles über Schäden in Containern gehört haben, gefiel uns auch nicht besser.

Zwei Wochen vor unserem Abflug erfuhren wir, dass das Schiff Verspätung habe und wir mindestens zehn Tage in Kapstadt festsitzen werden. Ein Umbuchen des Fluges wäre mit hohen Kosten verbunden, und noch länger hinauszögern wollten wir unsere Abreise auch nicht. Ein letztes Mal warfen wir unsere ganze Routenplanung über den Haufen, strichen Länder heraus und nahmen neue hinzu.

Schwerpunkt war dabei Kenia, Tansania und Sambia. Doch wie in Afrika so üblich, sollte es trotzdem anders kommen.

Der Abschied von unseren Angehörigen und Freunden verlief wie alle Abschiede: die Zurückbleibenden traurig, wir mit einem Auge lachend, mit dem anderen weinend. Für die Daheimgebliebenen schienen drei Monate endlos, für uns eigentlich auch. Am 22. August 1999 brachten uns unsere Freunde zum Flughafen.

Arusha und die Kunst, einen guten Führer in die Serengeti zu finden

Von Nicole Baumann

Die Strasse von Namanga nach Arusha ist in einem katastrophalen Zustand, riesige Löcher drohen uns wieder einmal zu verschlucken. Das Land ist extrem trocken und staubig, abgeweidet durch die riesigen Viehherden der Massai, was in Kenia zum Glück noch nicht so drastisch ist.

Am Nachmittag erreichen wir den Camping beim Snake Park, der uns empfohlen wurde. Es ist ein beliebter Overlander-Treffpunkt mit aller Infrastruktur, so dass wir seit langem mal wieder unsere schmutzigen Kleider waschen können.

Wir versuchen zuerst, im Snake Park ein Angebot für eine Serengeti-Tour zu bekommen, aber da hier nichts los ist, fahren wir am folgenden Tag zum Massai Camp in Arusha, um dort unser Glück zu versuchen.

Wie alle tansanischen Städte ist auch Arusha ein dreckiges, staubiges Nest voller Schlaglöcher. Geduldig schaukeln wir von einem Safari-Unternehmen zum nächsten, um immer wieder dasselbe zu hören: 80 - 90 U$ pro Person kostet eine Tour täglich, das aber auch nur bei vier Teilnehmern, und mindestens drei Tage müssen wir rechnen, um zur Serengeti und zurück zu gelangen. Zudem hat fast kein Unternehmer die Serengeti im Programm, da sie weit entfernt ist und der Firma höhere Kosten für Benzin und Übernachtung verursacht. So bieten die meisten das Paket Ngorogoro - Lake Manyara - Tarangire an, das drei Tage dauert. Einzig Bobby Tours hat ein interessantes Angebot, doch erneut haben wir das Problem, nur zu zweit zu sein. Unverrichteter Dinge kehren wir zum Camping zurück und denken darüber nach, die Tour fallen zu lassen.

Am Abend kommt der Manager von Ngorogoro Direct zu uns, um uns ein interessantes Angebot zu unterbreiten: Zusammen mit zwei Australier können wir Ngorogoro - Serengeti und Lake Manyara machen, dreieinhalb Tage für 500 U$/2 Personen/alles inklusive. Wir prüfen das Angebot kritisch, fragen beim Camping, ob die Firma seriös sei. Als alles in Ordnung zu sein scheint, buchen wir für den nächsten Tag.

Pünktlich werden wir beim Massai Camp abgeholt. Der halbe Tag soll der Anreise nach Mto wa Mbu dienen, welches wir jedoch schon am frühen Nachmittag in der größten Hitze erreichen. Den Rest des Nachmittags verbringen wir damit, auf die Gruppe mit den Australiern zu warten, die natürlich erst am Abend eintrifft. Unser Chauffeur ist sich plötzlich nicht mehr sicher, ob wir auf dem richtigen Camping sind und wir fahren kreuz und quer durch die Ortschaft, um das andere Fahrzeug zu suchen, dann wieder zurück, um zu warten. Als die Australier endlich eintreffen, folgt schon die nächste Aufregung: Anscheinend haben diese die Serengeti gar nicht im Programm! Das Problem ist schnell behoben, sie bekommen ganz einfach eine Programmänderung!

Der Koch bereitet ein feines Nachtessen. Es gibt Suppe, Nudeln mit Fleisch und Gemüse und zum Dessert Früchte. Kaum fertig mit Essen, folgt der nächste Ärger. Der Koch sagt, wir starten am kommenden Tag erst um zehn Uhr! Die Reaktion von uns Vieren erfolgt umgehend. Leider ohne großen Erfolg, da der Chauffeur nicht da ist und der Koch mehr zittert als denkt! So verbringen wir eine unruhige Nacht, da wir uns zum Ziel gesetzt haben, vor Sonnenaufgang Koch und Chauffeur zu wecken und ihnen Dampf zu machen.

Um fünf Uhr in der Früh bin ich auf, und siehe da, die Kochequipe ebenfalls. Unseren Koch trifft fast der Schlag, als er mich um diese Zeit schon sieht. "Frühstück gibt's erst um 8 Uhr", erwidert er und ich entgegne, dass ich fast verhungere. Mich nimmt es wunder, ob es ihm egal ist oder nicht. Wütend und hungrig warte ich ab und staune nicht schlecht, als das Frühstück tatsächlich bereits um 6.30 Uhr bereitsteht! Der Chauffeur kommt auch bald und teilt uns mit, dass wir heute die Ngorogoro-Tour machen werden.

Um acht Uhr starten wir mit dem Landrover, um das Rift Valley Escarpement heraufzufahren und anschliessend bei dichten Wolken und Nieselregen zum Eingang der Ngorogoro Conservation Area zu gelangen. Die Piste ist in sehr gutem Zustand und wird laufend gewalzt, stellenweise gibt es etwas Wellblech. Auch die Steigung auf den Kraterrand verläuft ohne Schwierigkeiten und ist nicht sonderlich steil. Als wir das Simba-Camp erreichen, lösen sich die Wolken auf und wir genießen eine gewaltige Aussicht ins Innere des Kraters, in welchem es mehrere Seen gibt. Wir laden unser Gepäck ab und bauen die Zelte auf, dann beginnen wir das Game Drive im Innern des Kraters, welches wirklich einmalig ist.

Der Kratergrund ist ein unvergleichliches Paradies, in welchem die Natur noch so funktioniert wie vor der Zerstörung durch Menschenhand. Wir fahren mit offenem Dach kreuz und quer durch den Krater, sehen viele Gnu- und Zebraherden, Büffel, Elefanten, Antilopen, Hippos, Schakale, und sogar einige Löwinnen mit Jungen. Von weitem entdecken wir vier der fast ausgestorbenen Nashörner. Am Mittag bekommen wir einen ausgiebigen Lunch, bevor wir das Game Drive fortsetzen.

Der Ngorogoro-Krater

Nach 18 Uhr erreichen wir das Simba Camp auf dem Kraterrand, bei dem es inzwischen schon empfindlich kühl geworden ist. Mindestens einhundert Zelte stehen hier, wie in einem riesigen Pfadfinderlager.

Überall wird gekocht und gefeuert. Mit zwei Faserpelzen und Jacke bekleidet nehmen wir das Nachtessen ein, das uns wenigstens ein bisschen zu wärmen vermag. Wir wärmen uns auch mit heißem Tee und am kleinen Feuer. Der Sternenhimmel ist phantastisch, extrem klar. Das Camp ist auf 2300 Meter Höhe gelegen, so dass wir bald ins Zelt gehen, wo ich mit zwei paar Hosen und zwei Pullovern in den Schlafsack krieche. Zum Glück ist es im Zelt etwas wärmer, da es den eisigen Wind abhält, der die ganze Nacht heftig an den Zeltwänden rüttelt. Wir schlafen tief und fest bis um 6 Uhr, wo wir zum Frühstück wieder in die Kälte hinaus müssen.

Heute steht die Serengeti-Tour auf dem Programm, auf die wir uns schon seit Jahren gefreut haben. Um sieben Uhr verlassen wir das Simba-Camp, um dem Kraterrand entlang zur Piste in die Serengeti zu fahren. Erneut ist der Krater in dichte Wolken gehüllt, die sich erst bei der Abfahrt zur Serengeti-Piste auflösen. Die Landschaft ist spektakulär, riesige Ebenen, unzählige Vulkanberge, strahlend blauer Himmel. Unterwegs zur Olduvai-Gorge verlassen wir einige Male die Piste, um in den spärlichen Akazienwäldern nach Giraffen Ausschau zu halten. Auch einige Gazellen kreuzen unseren Weg, ansonsten ist das Land trocken und leer.

Die Olduvai-Gorge ist eine Schlucht, in der deutlich die vier verschiedenen Gesteinsschichten hervortreten, in denen die spektakulärsten Funde der Menschheitsgeschichte gemacht wurden. Man fand Fußabdrücke unserer Vorfahren, die 3.5 Millionen Jahre alt sind! Aufgrund ihrer Lage in einer der vier Schichten können die Wissenschaftler das Alter genau bestimmen. Hier wird immer noch gegraben, man vermutet noch unzählige weitere beachtlich Funde. Ein kleines Museum gibt über die Forschungsarbeiten Aufschluss.

Von der Olduvai-Gorge fahren wir weiter in die Serengeti Plains, die von Hitze und Trockenheit gekennzeichnet sind. Wir fahren entlang des Nduti-Sees, der komplett ausgetrocknet ist. Außer ein paar wenigen Antilopen sind keine Tiere mehr hier. Zutiefst entrüstet müssen wir feststellen, dass unser Chauffeur mit uns nicht durch das Gate des Serengeti Nationalparks fährt, sondern nur an den äußeren Parkgrenzen entlang kurvt. Wir reagieren sofort heftig, und erhalten die niederschmetternde Antwort, das im Programm, das er bekommen hat, nur Serengeti-Plains steht, nicht eine Tour zum Mittelpunkt des Parks. Alle Interventionen nützen nichts, er hat zuwenig Treibstoff dabei, wir müssen zurück. Unser Traum ist zerbrochen, unsere Enttäuschung und Wut grenzenlos. Haben wir doch für diesen Tag 160 hart ersparte US-Dollars bezahlt, um rein gar nichts davon zu haben. Hätten wir doch mit dem Geld für diese Tour einige Tag im Park verbringen können, wären wir nur selbst gefahren. Wir sind zutiefst frustriert, die Stimmung im Fahrzeug ist gleich null. Zurück beim Simba Camp nehmen wir missmutig den Lunch zu uns, um anschließend die restliche Strecke zurück zum Lake Manyara Camp zu fahren. Wenigstens verbringen wir dort einen schönen Abend mit einer anderen Gruppe, von welcher ein Engländer uns mit Gittarensongs unterhält. Wir stellen fest, dass alle anderen Leute auf dem Camping nicht mal bis zum Lake Nduti gekommen sind.

Spät abends gesellt sich unser Chauffeur mit einem Vorgesetzten zu uns, der das Problem lösen will. Wir diskutieren hin und her, er versichert uns, den Eintritt zum Serengeti Nationalpark am Ngorogoro-Gate bezahlt zu haben, was sich aber nach späterer Überprüfung als fatale Lüge herausstellt. Wir sind überaus wütend, dass unser Geld nicht dem Naturschutz zugute kommt, sondern nur der Bereicherung des Managers von Ngorogoro Direct.

Das ganze Gerede bringt überhaupt nichts, kann die Machenschaften der Touristenbüros nicht rechtfertigen. Ein Land, das derart unterentwickelt ist und derart niedere Löhne hat, und meint, von den Touristen Preise zu verlangen, wie sie höchstens in Nordeuropa anfallen, kann nicht funktionieren. Wir treffen niemanden, der mit seiner Tour zufrieden ist. Hauptsache, die Safari-Unternehmer haben saftig abkassiert. Alle sind sich einig: Wir werden energisch reklamieren. Man versichert uns, dass der bevorstehende Tag im Lake Manyara Nationalpark befriedigend sein wird, und räumt uns noch einen extra Lunch und spätere Rückkehr nach Arusha ein, um den Fehler wieder gutzumachen. Diese Enttäuschung ist aber mit nichts mehr zu vergelten, unser Traum ist zerbrochen, das größte Highlight unsere Afrika-Reise dahin. Einziger Trost ist, dass wir im Massai Mara alle nur erdenklichen Tiere gesehen haben, die normalerweise in der Serengeti leben. Einen Einblick in die Landschaft der Serengeti haben wir ebenfalls erhalten, nur das Schild "Welcome to Serengeti

Nationalpark" haben wir nie gesehen, und das stört uns erheblich, weil dadurch unser Geld nicht dem Nationalpark zugute kommt.

Am letzten Tag fahren wir zum Lake Manyara Nationalpark, welcher zu einem großen Teil aus dichtem Dschungel besteht. Landschaftlich ist der Park recht reizvoll, in Sachen Tiere hat er nicht sonderlich viel zu bieten. Wir sehen Giraffen, Elefanten, Zebras, Gnus, Impalas und Antilopen, das übliche. Am Nachmittag erhalten wir den letzten Lunch, bevor wir den Rückweg nach Arusha antreten.

Natürlich ist der Direktor von Ngorogoro Direct nicht anwesend, um unsere Reklamation und Geldrückerstattungsforderungen entgegenzunehmen. Rob schreibt ein dementsprechendes "Empfehlungsschreiben", mir ist es zu dumm, überhaupt noch irgendwas zu schreiben. Uns wird versichert, dass der Direktor noch zu uns auf den Camping käme, um sich unser Problem anzuhören. Natürlich trifft er hier nie ein und wahrscheinlich sehen wir ihn nie wieder, werden aber auch keinen deutschsprachigen Touristen animieren, mit dieser Firma irgendwas zu buchen!

Anmerkung: Zur Zeit unserer Reise einzig empfehlenswerte Firma ist Roy Safaris in Arusha.

Mikumi Nationalpark individuell

Von Nicole Baumann

Auf unserer Reise durch Tansania gelangen wir in die wunderschöne Gegend rund um den Mikumi Nationalpark. Die Route von Iringa nach Morogoro verläuft zuerst über eine Hochebene von etwa 2000 Meter Höhe, bevor die Strasse steil absteigt und entlang eines wildromantischen Flusstales führt.

Nach knapp zweihundert Kilometer erreichen wir den Mikumi Nationalpark. Die Hauptstrasse führt mitten durch den Park hindurch. Die Durchfahrt ist kostenlos. Wir wollen allerdings in einem der Camps übernachten und bezahlen deshalb die 100 U$ Eintritt und Campgebühr. Wir sehen viele Tiere. Das eindrücklichste Erlebnis haben wir, als wir links und rechts nach Giraffen Ausschau halten und plötzlich abrupt bremsen müssen, weil eine direkt vor uns steht und zur Windschutzscheibe hineinschaut! Giraffe und wir erschrecken uns gleichermaßen und müssen erst einmal tief durchatmen, um uns von unserem Schreck zu erholen. Es gibt auch viele Gnus und Antilopen, und beim Hippopool, bei dem ich glaubte, ohne Gefahr aussteigen zu können, liegt ein Krokodil auf der Lauer. Im Hippopool gibt es, wie der Name schon sagt, eine ganze Hippofamilie mit einem Jungen. Wir fahren bis Chamgore und treffen nochmals auf eine Herde Giraffen. Elefanten sehen wir nur wenige, Löwen leider gar nicht.

Wir haben vor lauter Enthusiasmus vergessen, uns die genaue Piste zu merken und fahren immer weiter in den Park hinein. Die Pisten sind in sehr gutem Zustand und wir beschließen, bis 17 Uhr hineinzufahren, dann noch eine Stunde für die Rückfahrt zu verwenden. Doch damit haben wir unsere liebe Mühe. Plötzlich sieht alles irgendwie gleich aus. Wir fahren dreimal am Hippopool vorbei, immer schön im Kreis herum. Langsam werden wir etwas nervös. Doch wir haben Glück und finden das Camp ganz kurz nach Sonnenuntergang. Wir sind erleichtert, denn Pistenfahrten in der Nacht wären viel zu gefährlich. Andi macht ein riesiges Feuer zum

Schutz vor wilden Tieren (gemäß Anweisung vom Parkranger), und sicherheitshalber gehen wir bei Dunkelheit ins Auto. Wir sind die einzigen Gäste hier, das Camp besteht aus einem großen Baum, einer Wiese, einer großen Feuerstelle und so was ähnlichem wie einer Toilette und Dusche. Es liegt mitten in der Wüste und ist nicht eingezäunt. So streifen nachts viele Tiere an unserem Auto vorbei.

Die Nacht im Mikumi Nationalpark ist ziemlich unruhig. Erst kann Andi nicht schlafen, dann schrecke ich morgens um zwei Uhr durch lautes Tiergebrüll senkrecht aus dem Bett! Was genau da draußen so unheimlich brüllt, können wir nicht ermitteln. Ich hoffe nur, dass kein Elefant die Lust verspürt, unser Auto zu zertrampeln. Entsprechend fallen auch die Träume der nächsten Stunden aus.

Als wir morgens aufstehen, ist der Himmel mit schwarzen, tief liegenden Wolken verhängt. Wir sind nicht mehr so sicher, ob wir die Piste durch das Sumpfgebiet fahren wollen oder nicht. Doch wir sind optimistisch, die Wolken ziehen auch langsam weiter und wir fahren kreuz und quer durch den Park, um die Tiere aufzuspüren. Vor allem die Löwen interessieren uns, doch leider findet sich kein einziger und wir zweifeln ernsthaft an deren Vorkommen.

Die interessanteste Piste ist diejenige von Chamgore zum Choca Wale, welche wohl seit langer Zeit nicht mehr befahren wurde. Sie führt durch dichten Busch, mitten auf der Piste wachsen Palmen! Oft findet unser Auto nur knapp ein Schlupfloch zwischen den vielen Büschen und Bäumen hindurch. Hier finden wir auch viele Tiere, vor allem Gnu-, Zebra- und Antilopenherden. Die Landschaft ist malerisch, voller Palmen und Dickicht, vielleicht ist auch dies der Grund, dass wir die Löwen nicht sehen. Anschliessend folgen wir dem Mamba Drive, ebenfalls einer kleinen, wenig besuchten Piste am anderen Ende des Parkes. Gegen Mittag treten wir die Rückfahrt an und schauen nochmals beim Hippopool vorbei. Auf der Hauptpiste finden wir eine Elefantenherde, einige Büffel und Zebras sowie Giraffen und viele Vögel, aber auch keinen einzigen Löwen.

Etwas enttäuscht verlassen wir nach dem Mittag den Park, wobei wir das letzte Stück noch auf der Asphaltstrasse zurücklegen.

Einige Wochen später kehren wir zum Mikumi Nationalpark zurück und erfahren, dass die Löwen sehr wohl da sind, aber aufgrund der Trockenheit und der Hitze nur nachts aktiv sind. Sie jagen ihre Beute direkt über die Strasse, kaum ist die Sonne untergegangen. Im hohen, dürren Gras hat man tagsüber einfach gar keine Chance, einen von ihnen zu Gesicht zu bekommen.

Leben bei den Massai-Kriegern

Von Nicole Baumann

Durch glückliche Umstände erhalten wir die Gelegenheit, einige Tage bei den Massai an der tansanischen Grenze zu leben und Einblick in deren Alltag zu erlangen.

Vor ungefähr 500 Jahren ließ sich dieses Volk hier nieder und führte bis vor wenigen Jahren ein stolzes Nomaden- und Kriegerleben. Die Massai gelten als eines der stolzesten Völker dieser Erde und verrichten unehrenhafte Arbeiten wie Ackerbau nicht selbst, sondern lassen diese durch Angehörige anderer Volksgruppen für sie erledigen.

Den Männern ist es gestattet, bis zu zehn Frauen zu heiraten, wobei die Partnerwahl von beiden Elternteilen vereinbart wird. Der Brautpreis liegt bei zehn Kühen pro Frau. So gibt es Männer mit zehn Frauen, sechzig Kindern und fünfhundert Rindern! Die Rinder sind sozusagen ein Statussymbol, symbolisieren Reichtum und immer größere Herden werden angestrebt, was zu riesigen Abweidungen und Verdrängung der Wildtiere führt. Heute leben die Massai in Dörfern, die mit Dornbüschen abgezäunt sind. Ihre niedrigen Häuser fertigen die Frauen aus Holz, Stroh und Kuhmist. Die Männer führen das Vieh zur Weide und müssen oft weit gehen, um noch satte Stellen zu finden. So dringen sie mit den Herden immer weiter vor, hinauf in die Berge, bis hinein in Naturschutzgebiete. Die Abgrenzung von Naturreservaten und Massai Land hat in der jüngeren Vergangenheit zu erheblichen Auseinandersetzungen beigetragen. Die Regierung hat große Anstrengungen unternommen, um den Konflikt friedlich zu lösen und so zum Teil anstelle von Nationalparks Reservate geschaffen, die den Massai das Recht zur Tränke ihrer Herden sowie deren Verteidigung gegen wilde Tiere einräumt.

Inzwischen haben die Massai erkannt, das mit den Touristen Geld zu verdienen ist, was nun unterschiedlich gehandhabt wird. Es läuft von "One Picture - One Dollar" über "kaufen, kaufen, kaufen" bis hin zu echten Kulturstätten, die der Erhaltung des traditionellen Lebens dienen. Die Massai haben sich verändert, den neuen Lebensbedingungen mehr oder minder angepasst. Dennoch gehen mehrere zehntausend ihrer ursprünglichen Kultur nach, die mit der Beschneidungszeremonie von Jungen sowie Mädchen im Alter von 14 - 17 Jahren beginnt und ohne irgendwelche schmerzbetäubenden Mittel unmittelbar öffentlich am Dorfeingang durchgeführt wird. Dieser Zeremonie kann kein Junge entrinnen, sonst würde er seine Familie zutiefst beschämen. Er darf weder mit der Wimper zucken noch irgendein anderes Zeichen von Schmerz von sich geben, um nicht verspottet zu werden. Nachdem sich die Jungen von der Beschneidung erholt haben, gibt es für sie zwei Möglichkeiten, den weiteren Weg zu beschreiten.

Einige wenige können die Schule besuchen, was kostenaufwendig ist. Die anderen absolvieren eine Art Militärdienst. Dieser dauert sieben Jahren und macht sie zu Massai-Kriegern. Die Krieger sind zwischen 16 und 23 Jahre alt und tragen lange, kunstvoll geflochtene Zöpfchen, welche mit Schaffett und rotem Ocker eingerieben werden. Diese Paste schützt die Haare gegen Eindringen jeglichen Schmutzes und Ungeziefer. Die Haare werden nie gewaschen. Die Krieger tragen prachtvollen Perlenschmuck in den Ohren, um den Hals, um Oberarme, Handgelenke und Füße. Sie tragen Schuhe, die sie selbst aus Autoreifen fertigen. Ihre Waffe ist ein langer, schwerer Speer, den sie zum Töten von Elefanten, Nashörnern, Büffeln und Löwen einsetzen. Leider töten sie die wilden Tiere weder aus Hunger noch aus Selbstverteidigung, sondern einfach nur zum Beweis ihres Mutes und als eine Art "Sport". Diese Tatsache stimmt uns traurig, gibt es doch nur noch weniger als einhundert Nashörner, doch die Massai achten keine anderen Tiere außer ihren Rindern, Eseln und Schafen.

Die Rinder werden nur zu speziellen Anlässen geschlachtet, ansonsten zapfen die Massai ihre Halsschlagader an, um Blut zu gewinnen, das sie mit Milch gemischt trinken. Aus der Milch stellen sie ebenfalls Joghurt her, ansonsten leben sie von Reis und Suppe. Den Kriegern ist es nur in den Höhlen in den Bergen gestattet, ein Rind zu schlachten, wo sie dann solange verbleiben, bis die Nahrung ausgeht. Dann kehren sie zu ihren Eltern ins Dorf zurück, um später wieder Zeit in den Bergen zu verbringen.

Zu Zeremonien wie Beschneidung, Hochzeit oder Austritt aus der Armee führen die Krieger ihre traditionellen Tänze durch, in denen ihr Gesang gleichzeitig ihre Lebensgeschichte erzählt und sie dazu abwechslungsweise in die Höhe springen.

Mit 23 bis 25 Jahren werden sie aus dem Kriegerleben entlassen und mit einer vorbestimmten jungen Frau verheiratet. Die Frau geht in sehr langsamen Schritten wunderschön geschmückt, aber laut weinend und schreiend, auf ihren zukünftigen Ehemann zu. Ihr Weinen hält noch einige Zeit an, bis sie sich daran gewöhnt hat, von ihrer Familie losgelöst zu sein. Während den ersten zwei Ehejahren ist es dem Ehepaar untersagt, sexuellen Kontakt zu haben. Dadurch sollen die Geburtenzahlen etwas eingeschränkt werden. Erst etwa im Alter von 27 bis 28 Jahre bekommt das Ehepaar die ersten Kinder.

Die Aufgabe der Frau besteht neben dem Großziehen der Kinder und der Instandhaltung des Hauses im Anfertigen des Perlenschmuckes, welcher neben den roten Gewändern als Identitätskarte dient. Die Massai besitzen keinerlei Papiere, sondern erkennen an Schmuck und Gewand, wer zu welchem Stamm gehört.

Die Zukunft der Massai wird Veränderungen mit sich bringen müssen. Auf die Dauer muss eine Lösung des Landproblemes gefunden werden, damit nicht riesige Gebiete verwüstet und leergejagt werden. Ein erster Ansatz dazu ist die Gründung von Schulen, was durch den Staat unterstützt wird. In Namanga fehlen zur Zeit noch die Lehrer für die eintausend Kinder, doch wir hoffen, dass durch Schulbesuche den Massai auch ein wenig der Sinn zur Erhaltung der Natur beigebracht wird.

Bergtour zum Oldonyo Orok - dem heiligen Berg der Massai

Auf einem Campingplatz an der Grenze zwischen Kenia und Tansania lernten wir Paul kennen, das Oberhaupt der Massai. Er hat in Deutschland studiert und kennt die Lebensweise der Europäer, hat sich aber nach dem Studium entschlossen, zu seinem Massai-Leben zurückzukehren.

Wir begeben uns mit Simon, dem Bruder Pauls, einem weiteren Massai und zwei Kriegern sowie einem Jungen auf eine Bergtour zum Gipfel des Oldonyo Orok. Der Massai-Führer besteht darauf, unser Gepäck zu tragen, damit wir nicht zu schnell ermüden. Der Weg führt zuerst durch die Buschebene, vorbei an einigen Dörfern und Rinderherden und steigt dann steil empor. Simon erkennt blitzschnell, wann wir eine Rast brauchen, wann er langsamer gehen soll, wann wir ein Foto machen wollen. Gute drei Stunden schlängelt sich unsere Gruppe bergauf, bis wir den Gipfel erreichen, von wo wir trotz Wolken eine tolle Aussicht genießen. Der Berg wird bis zum Gipfel von den Massai bewohnt, da der Weidegrund im Tal in der Trockenzeit nicht mehr ausreicht. Wir besuchen einen alten Mann, der im Busch aus den Resten eines Rindes Suppe gekocht hat, die unsere Begleiter genussvoll trinken. Der Alte hat solch große Löcher in den Ohrläppchen, dass er darin den großen Salzstreuer herumträgt!

In der Nachmittagshitze treten wir den steilen Rückweg an, der über Stock und Stein zurück ins Tal führt. Erschöpft, aber zufrieden erreichen wir um 15.30 Uhr den Camping, wo wir uns etwas ausruhen. Am frühen Abend holt uns Paul ab, um das Dorf zu besichtigen. Es ist rundum mit Dorngebüsch eingezäunt und besteht inseitig aus drei Häusern und einem aus Holz eingezäunten Gehege für die Kälber. Die Rinder verbringen die Nacht auf dem Dorfplatz. Die Frauen zeigen mir, wie sie ihren Perlenschmuck anfertigen, während sie von hunderten von Fliegen belagert werden. Wir können auch zusehen, wie die Hausdächer mit frischem Kuhmist geflickt werden. Während wir so dastehen und Paul zuhören, wird es mir plötzlich extrem schwindlig, ich sehe Andi nicht einmal, sondern etwas viermal, kann ihm noch zu verstehen geben, dass es mir nicht gut ist, und schon bin ich weg - ohnmächtig! Wie ich später erfahre, sind Andi und Paul und alle Leute vom Dorf total geschockt, wissen nicht, was los ist. Einer eilt schnellstens, um Wasser zu holen. Paul und Andi stellen mich auf und geben mir Wasser. Langsam erwache ich wieder und weiß gar nicht, was passiert ist. Sie schleppen mich zum Auto, wo ich mich allmählich wieder erhole. Der Puls ist sehr schwach, der Kreislauf zusammengebrochen, und weit und breit gibt es keinen Arzt. Unsere

Notapotheke enthält aber das richtige, um mich wieder aufzubauen. Die Massai kochen extra Tee mit Milchpulver und bringen sogar einen Topf zu essen, so dass ich langsam aber sicher wieder zu Kräften komme. Schließlich will ich unbedingt noch den heute Abend stattfindenden Tanz der Krieger miterleben. Das halbe Dorf sorgt sich um mich, so dass ich den Tanz auch genießen kann. Alle Männer und Frauen werden aufgefordert, mitzutanzen. Paul hat jedoch die Krieger informiert, mich zu schonen.

Die Höhle der Krieger

Am dritten Tag fahren wir zu siebt in unserem VW-Büssli in ein anderes Dorf, wo wir unser Auto deponieren, um zur Höhle der Krieger zu wandern. Die geschmückten Massai-Krieger in unserem VW-Bus geben ein amüsantes Bild ab, ihre Speere finden knapp Platz. Ich sitze in der Mitte auf einem Stuhl, Paul und ein Kind vorne. Vom Dorf steigen wir zu Fuß ganz langsam durch Dickicht und Felsen zur Höhle empor. Das letzte Stück besteht aus Kletterei.

Massai in der Höhle der Krieger

Die Höhle ist toll gelegen, unterhalb ein kleines Bächlein, welches das ganze Tal wucherartig grünen lässt. Diese Höhle ist sehr klein, besteht aus Schlafstellen aus Laub, einem Aufbewahrungsort für das Fleisch und einer Feuerstelle.

Nachdem wir uns einigermaßen von dem Aufstieg erholt haben, klettern wir wieder hinunter und fahren zum Camping zurück, wo wir uns noch ein bisschen ausruhen, bevor wir die Weiterreise Richtung Süden antreten.

Heute gilt es, Abschied nehmen von den Massai und Namanga, was uns gar nicht gefällt. Doch einmal kommt die Zeit, wo man sich vom Schönen trennen muss und die Zeit bei Paul war ein würdiger Abschied, an den wir immer wieder gerne zurückdenken werden. Die Abende am Lagerfeuer, die Gesänge der Massai, der alte Papa mit seinem Coca-Cola Hütchen, haben uns verzaubert. Das familiäre Leben ließ uns heimisch fühlen. Jeder Massai, dem wir auf unserer weiteren Reise begegnen, erinnert uns an die herrliche Zeit in Namanga. Paul und Simon begleiten uns zur Grenze, wo wir uns herzlich verabschieden. Vielleicht wird uns Paul in der Schweiz besuchen, wer weiß? Was kommen mag steht noch in den Sternen.

Nächtliche Hyänenbesuche und schwierige Grenzübertritte

Unterwegs im Lake Manyara Nationalpark

Von Lars Nitsch

Laut ächzend und mit stotterndem Motor quält sich unser Jeep die steile Anhöhe hinauf. Der Sand der staubtrockenen Piste hat sich schon längst im Innenraum des Mietvehikels niedergelassen und benetzt unsere Kleidung und Gesichter. Die Unannehmlichkeiten sind jedoch zu verkraften, verschafft uns doch der Blick zurück eine grandiose Aussicht auf den nun schon weit unter uns in der hellbraunen Ebene liegenden Manyara-See, einen in der Morgensonne glitzernden Salzsee rund 200km westlich der Staatsgrenze zu Kenia.

Vor zwei Tagen sind wir, drei Abenteuerlustige aus München, in der kenianischen Hafenstadt Mombasa mit dem Plan gestartet, auf einer individuell organisierten, einwöchigen Kurz-Safari die berühmten Wildlife-Höhepunkte Tansanias zu erfahren. Sieben Tage sollte uns dieser Trip über 1.600 Kilometer quer durch Kenia und vor allem Tansania führen, davon die letzten 500 Kilometer zurück mit dem Zug von Nairobi nach Mombasa. Vor zwei Tagen haben wir die Grenze bei Taveta mit erstaunlich wenig Aufwand passiert, die Stadt Moshi am Fuße des Kilimandscharo durchfahren und einen Stop in Arusha, einer der Geschäftszentren Tansanias, eingelegt. Die letzte Nacht schließlich verbrachten wir auf einem "Campingplatz" zwischen Bananenanpflanzungen in der Nähe des Lake Manyara National Park. Ein laut vor sich hin dröhnender Stromgenerator, ein nächtens einsetzender Platzregen und unselige, stechende Plagegeister ließen an Schlaf kaum denken. Erst später erfuhren wir, dass der Ort Mto Wa Mbu an den Ufern des Manyara-Sees auch Mosquito River genannt wird. Aber mittlerweile hat die Sonne unsere Klamotten getrocknet und die Mückenstiche kratzen auch nicht mehr so, genießen wir doch diesen grandiosen Ausblick und die aufregende Landschaft. Und das Beste ist, dass noch zwei fantastische, beinahe sagenumwobene Ziele vor uns liegen: Der Ngorongoro-Krater und die Serengeti.

So quälen wir uns den Rand des Ngorongoro-Kraters hinauf, der immerhin rund 2.500 Höhenmeter vorweisen kann. Aufgrund dieser Höhenlage und des häufigeren Regens sind die Kraterhänge mit dichtem Grün überwuchert, Schlingpflanzen und Lianen an den Pistenrändern lassen Dschungel-Feeling aufkommen. Bald kommen wir zum Eintrittstor der Ngorongoro Crater Conservation Area und leider sind auch hier die Gebühren für den Parkeintritt typisch tansanisch: Der Eintritt in den Park mit einem Auto, drei Personen sowie einer Übernachtung auf der Campsite schlägt mit 150$ zu Buche, ein stolzer Preis für zwei Tage im Kratergebiet. Nun gut, schließlich ist der Krater eines der weltweit bedeutendsten Naturereignisse und aufgrund dieser Aussicht lassen wir uns die Stimmung nicht vermiesen. Nach einem weiteren Anstieg kommen wir schließlich zum Kraterrand und unseren Augen bietet sich ein überwältigender Anblick:

Die Sonne bricht durch vereinzelte Wolkenlöcher und beleuchtet in weiten Strahlen den tief unter uns liegenden Kraterboden, der jetzt zur Trockenzeit vor allem von verschiedenen Beigetönen gezeichnet ist. Von hier oben ist die unglaubliche Tiervielfalt am Boden des Kraters noch nicht zu erkennen, trotzdem übermannt uns die friedliche und ursprüngliche Stimmung, die in diesem Moment vorherrscht. Nachdem wir uns wieder gefangen haben, sind wir nach den ersten paar Metern entlang des steilen Kraterrands bald schon wieder zum Anhalten gezwungen: Am Wegesrand steht der pyramidenförmige Gedenkstein für die beiden Grzimeks, Bernhard und seinen Sohn Michael, die beide Ihr Leben in den Dienst der Natur und besonders der Serengeti gestellt hatten. Ihr Einsatz gegen das Artenschwinden wird mit einem Sinnspruch auf der eingelassenen Metallplatte charakterisiert: "It is better to light a candle than to curse the darkness". Wieder ein nachdenklicher Moment. Derer sind aber für heute nun genug, und so brechen wir auf, den schließlich haben wir heute Abend noch eine Verabredung.

Wie es der Zufall will, weilen Bekannte eines unserer Teammitglieder auch gerade in Ostafrika, und zwar genau hier am Ngorongoro-

Krater, bloß etwas komfortabler als wir, in einer luxuriösen Lodge direkt am Rande der Felswand, so dass man schon zum Frühstück mit dem Feldstecher die Tiere beobachten kann. Als wir das Hotel betreten, fühlen wir uns in eine andere Welt versetzt: Polierter Marmor, Portiers in Anzug und Krawatte und Preise jenseits von Gut und Böse. Da wir nach mehreren Tagen im Busch nicht mehr den frischesten Eindruck machen, werden wir beim Eintreten misstrauisch beäugt. Die Bekannten sind jedoch schnell gefunden und so sind auch wir bald als Mitglieder der "Lodge-Society" akzeptiert. Bei dem einen oder anderen Bierchen tauschen wir unsere Erfahrungen aus und amüsieren uns über einen Hotelgast, der sich beim Ober beschwert, dass seine gerösteten Erdnüsse nicht mehr warm wären. Nach Tagen von Lagerfeuer-Food stellt sich das Problem kalter Erdnüsse in unseren Augen nicht gerade als untragbar dar und wir freuen uns auf das Lodge-Buffet. Nach einer gerne in Anspruch genommenen Dusche ist dieses Diner auch eine willkommene Abwechslung auf unserem Speiseplan und wir schlagen in Erwartung von Fertigsuppen und Nudeln während der kommenden Tagen gehörig zu.

Doch zu weit wollen wir es mit dem Luxus auch nicht treiben und so verabschieden wir uns nach dem Mahl von unseren Gastgebern und machen uns auf zur Campsite, auf der wir die Nacht wie gewohnt in unseren Zelten verbringen wollen. Die Dunkelheit ist schon hereingebrochen und die nicht mehr ganz nüchtern anmutende Fahrt entlang des steilen, unbeleuchteten Kraterrands kann als ziemlich abenteuerlich bezeichnet werden. Schließlich erreichen wir den Zeltplatz, der diesmal sogar Plumpsklos vorweisen kann. Dies ist allerdings der einzige Luxus und manch einer von uns drei denkt schwermütig an die warme Lodge zurück, pfeift doch hier auf über 2.000 Meter ein kräftiger und für Ostafrika ungewohnt kalter Wind. Wir schätzen, dass es nicht viel mehr als 5°C sein können und machen uns zum Aufwärmen an den Aufbau unserer Zelte, was sich in der Dunkelheit nicht ganz einfach gestaltet. Schließlich ist auch dieser letzte Akt des Tages geschafft und wir kriechen, dick eingemummelt, in unsere Zelte. Lautes Hufschlagen und ein vibrierender Boden reißen uns jedoch schnell aus dem beginnenden Schlaf: Bei einem Blick aus dem Zelt sehen wir eine ganze Horde Zebras in lautem Galopp mitten über den Zeltplatz stoben. Genauso schnell wie der Spuk begonnen hat, verschwinden die Tiere wieder im gespenstischen

Nebel und lassen uns mit dem eisigen, durch die Ritzen das Zelts heulenden Wind allein.

Doch wie jeden Tag geht auch am folgenden Morgen die Sonne auf und wärmt uns noch recht verfrorene Gesellen. Das Zelt wird schnell abgebaut, ein kurzes Frühstück, dann machen wir uns auf Richtung Kraterboden. Die Abfahrt ist nur für Allradfahrzeuge gestattet, und bald merken wir auch, warum: Eine steile Piste voller Schotter läuft in atemberaubenden Winkel auf den Kraterboden zu. Nicht auszudenken, wenn man hier ins Rutschen käme. Das fahrerische Können siegt jedoch und bald sind wir am Grund des Ngorongoro-Kraters angekommen. Trotz der Abgeschlossenheit des Kraters herrscht auf seinem Grund eine steife Brise und pfeift uns den Staub um die Ohren. Nichtsdestotrotz klettert einer von uns auf das Autodach, um etwaige Tiere besser sichten zu können. Das wäre zunächst gar nicht nötig gewesen, trottet doch bald direkt vor uns eine Herde Gnus aus dem Busch. Die Schlange will gar kein Ende nehmen, aber da Tiere hier Vorfahrt haben, stellen wir den Motor aus und begnügen uns mit ein paar Schnappschüssen dieser zotteligen Gesellen. Bald hat die Kolonne die Piste überquert und wir wollen gerade starten, als uns eine Patrouille von Rangern mit ihrem Jeep einholt und uns fragt, wo denn unser "Guide" wäre. Offensichtlich ist damit nicht unser Reiseführer in Buchform gemeint. Wie wir nun erfahren, darf der Grund des Ngorongoro-Kraters eigentlich nur mit einem vorher angeheuerten Führer befahren werden. Da die Sache aber nun mal schon gelaufen ist, üben die Ranger Nachsicht und lassen uns weiterbrausen, bloß aufs Dach darf sich keiner mehr setzen. Noch einmal glimpflich (und billig) davongekommen denken wir uns und setzen unsere Pirschfahrt fort.

Auf dem Boden des Kratergebiets sammeln sich die verschiedensten Tierarten und nirgendwo sonst ist die Chance so groß, alle Vertreter der "Big Five" vor die Linse zu bekommen. Und bald entdecken wir im hohen Gras doch glatt eins der berühmten Spitzmaulnashörner des Ngorongoro-Kraters. Kaum zu glauben, gerade mal eine halbe Stunde unterwegs, und schon das neben einem Geparden unwahrscheinlichste Exemplar der großen Fünf. Nach einer langen Beobachtung des Dickhäuters, der nicht viel mehr macht als im Halbsumpf zu stehen und zu grasen, laufen uns noch die üblichen

Verdächtigen wie Zebras und Impalas über den Weg. Auch ein paar Geier sind zu beobachten, wie Sie sich um ein Stück Aas streiten. Die Fahrt im Krater hat etwas eigentümliches, es ist sehr still, der Wind bläst und wir haben das Gefühl, in einer ganz anderen, eigenen Welt zu sein. Wir genießen dieses Flair und machen uns bei einer kurzen Rast über unseren Proviant her, dann geht es auf zum Kraterausgang. Dieser ist natürlich kein Tor mit dem Schriftzug "Exit", sondern wieder eine steile Piste, die sich an Abgründen entlang die Kraterwand hinaufwindet. Trotzdem zieht unser Jeep ganz gut und wir geben kräftig Gas, um die Anhöhe zu meistern. Plötzlich flitzt unerwartet ein zweiter Jeep um die Kurve, und zwar direkt uns entgegen! Nur mit einem abrupten Bremsmanöver verhindern beide Fahrzeuge einen Crash. Eigentlich ist die Ausfahrt aus dem Krater nur oneway, aber die Insassen des Wagens der Frankfurter Zoologischen Gesellschaft wollten anscheinend eine Abkürzung nehmen. Ging ja gerade noch mal gut.

Oben auf dem Kraterrand angekommen umfahren wir diesen noch einmal halb und machen uns dann an die Abfahrt Richtung Serengeti, vorbei an der berühmte prähistorische Relikte bergenden Oldovai-Schlucht. Die Fahrt hinunter zur Hochebene Serengeti vom noch höheren Ngorongoro-Gebiet gestaltet sich recht einfach, die Straße ist passabel und wir lassen uns vom Fahrtwind kühlen. Nach ereignisloser, aber landschaftlich reizvoller Fahrt erreichen wir schließlich das "Eintrittstor" des Serengeti-Parks, das aus jedem schlechten Italowestern geklaut sein könnte: Ein Holzgestell quer über die Straße und an dem hängt ein Schild mit der Aufschrift "Karibu Serengeti", willkommen in der Serengeti. Eine schöne Einstimmung. Es ist schwer vorstellbar, wie dürr, trocken und vergilbt der Süden der Serengeti in der regenarmen Zeit wirklich ist, aber wir kommen uns bald vor wie auf dem Mond. Eine schnurgerade Straße führt gen Horizont, rechts und links nichts als eine absolut ausgetrocknete, absolut flache Ebene, auf der nicht einmal mehr die kleinsten Sträucher wachsen, nichts als Sand und Stein so weit das Auge reicht. Dementsprechend ist hier auch nicht das kleinste Tier zu entdecken. Ein unheimliches, aber irgendwie auch elementares Gefühl.

Mit zunehmender Fahrtdauer wechseln wir jedoch bald in eine andere Vegetationszone, hier ist die Serengeti so, wie man sie aus dem Buche kennt: Hohes, im Wind wiegendes gelbes Löwengras, dazwischen die weit ausladenden grünen Akazienbäume und vereinzelte graue Felsen, auf denen die Raubtiere gern nach ihren Opfern Ausschau halten. Diese klassische Savannenlandschaft beeindruckt uns sehr mit ihren Geräuschen, Gerüchen und ihrer Optik. Gemäß dem derzeitigen Forschungsstand stammen die Urahnen des Homo Sapiens aus den Hochebenen Ostafrikas, und irgendwie meint man sich hier wirklich heimisch zu fühlen, beinahe vertraut kommt einem diese weite Stille vor, geprägt vom Rauschen des Windes im Gras, dem Gezwitscher unsichtbarer Vögel und einem sporadischen Rascheln im Busch. Es sind diese Momente unglaublicher Freiheit, die uns unser manchmal beschwerliches Abenteuer beginnen haben und sicher nie bereuen lassen werden. Es ist kurz vor Sonnenuntergang, und nun doch erschöpft von der langen, staubigen Fahrt und der üblichen Abkassiererei im Eingangscamp kommen wir zu der Stelle, die wir für unser Nachtlager eingeplant haben. Nur ein verwittertes Holzschild mit der Aufschrift *camp site*, das hinter dem vergilbten Knochenschädel eines Büffels in den Boden gerammt ist, weist diese Stelle als einigermaßen sicher vor Raubtieren aus.

Beim Anblick der Wildnis um uns herum verschlägt es uns den Atem. Bei der beginnenden Dunkelheit sind wir uns nun nicht mehr so sicher, ob es eine gute Idee war, auf eigene Faust die Nationalparks Ostafrikas zu erkunden. Wären wir Teilnehmer einer organisierten Safari, spätestens jetzt am Abend könnten wir den Luxus einer Lodge, mit fließendem Wasser und Federbett, genießen. So bleibt uns nichts anderes übrig, als weit und breit einzige Traveller die Moskitonetz-Zelte aufzustellen und mit äußerster Vorsicht in den die Lichtung umgebenden Büschen nach Feuerholz zu suchen.

Das abendliche Lagerfeuer macht in vielerlei Hinsicht Sinn: Erstens brauchen wir eine Kochstelle zur Zubereitung unseres einzigen warmen Essen am Tag, zweitens ist ein Feuer immer noch die wirkungsvollste Methode, um wilde Tiere vom Camp fernzuhalten. Außerdem ist es nachts empfindlich kalt in der Serengeti , bald nach dem in Äquatornähe sehr schnell verlaufenden Sonnenuntergang kriecht die Kühle aus den Büschen. Unser heutiges Abendessen besteht aus selbst gebackenen Brotfladen und Nudeln mit Chilisauce aus der Plastikflasche. Das Abgießen des vom Lagerfeuer knallheißen

Nudeltopfes gestaltet sich wie immer recht schwierig, schon einmal ist es uns passiert, dass die Nudeln im Steppensand gelandet sind, sehr zur Freude der uns beobachtenden und dann nicht nein sagenden Paviane. Doch an diesem Abend klappt alles und bald kann der entspannende Teil, die sogenannte Lagerfeuerromantik, beginnen. Bei einem kräftigen Schluck Gin lassen wir die Ereignisse des Tages Revue passieren und lauschen in den Gesprächspausen dem Knistern der Flammen und dem Röhren der Löwen in hoffentlich weiter Entfernung. Bald kommt auch noch unerwarteter Besuch in Form eines Rangers vorbei, der unsere Quittungen für den Eintrittspreis kontrolliert und es sich nicht nehmen lässt nachzusehen, ob in jedem Einmannzelt auch wirklich nur einer liegt. Das hätten wir hier am Ende der Welt nicht gerade erwartet, aber genau so schnell wie der Bursche aufgetaucht ist, verschwindet er auch wieder im Nichts. Nachdem zum letzten Mal Holz auf die Feuerstelle gelegt wurde, kriecht jeder in sein Zelt und macht es sich in seinem Schlafsack bequem.

Hyäne

Mitten in der Nacht werden wir plötzlich von Geräuschen und lautem Schmatzen in unmittelbarer Nähe geweckt. Dummerweise hat sich der Vollmond hinter Wolken verkrochen, so dass in der Nähe unseres Jeeps nur eine schattige Gestalt auf vier Beinen zu erkennen ist. Ein Pavian, ein Leopard, vielleicht sogar ein Löwe? Auf Kommando machen wir Krach und richten den Strahl unserer Taschenlampen auf das Tier: Es ist einen Hyäne, die sofort ins Unterholz flüchtet, als sie vom Lichtkegel geblendet wird. Wir sehen nun auch, was das Tier so interessant an unserem Camp fand: Sträflicherweise hatten wir vergessen, den Müllsack mit den Essensresten in den Jeep zu sperren, nun ist der Plastiksack aufgerissen und sein gesamter Inhalt über den Boden verstreut. Die Hyäne sitzt noch immer im Busch und beäugt uns misstrauisch. Jedes Mal, wenn wir die Büsche mit der Taschenlampe absuchen, reflektieren die Augen der Hyäne den Lichtstrahl und erinnern uns an ihre Präsenz. Wir räumen notdürftig auf und begeben uns wieder in die Zelte, das Einschlafen fällt uns in Gegenwart der Hyäne schwer. Vor allem hoffen wir, dass das Tier in der Hoffnung auf ein paar leckere Happen nicht noch einmal mit seiner ganzen Sippe hier auftaucht. Uns wurde aber von zahlreichen Parkangestellten versichert, dass von einer Hyäne noch keiner gefressen worden ist, und so bekommen wir alle bis zum Morgengrauen noch eine Mütze Schlaf.

Nach dem obligatorischen Kurzfrühstück unter der schnell alles erhitzenden Äquatorialsonne ist die unheimliche Erinnerung an die Geschehnisse der dunklen Nacht bald verflogen. An diesem Tag soll uns unsere Etappe ans Nordostende der Serengeti führen, dort wollen wir Tansania verlassen und nach Kenia einreisen. Auf dem Weg dorthin stechen uns die weiten, durch Buschfeuer niedergebrannten Flächen ins Auge. Die strohtrockene Steppe wird teilweise durch Blitze, aber auch von den Wildhütern selbst in Brand gesetzt, vor allem dann, wenn das Gras zu hoch ist und die Weidetiere das dann sehr hohe Gras aus Furcht vor Raubtieren meiden. Im grünen Nordteil der Serengeti, der nach Kenia in die Masai Mara übergeht, sind jetzt in der Trockenzeit im September am meisten Tiere, riesige Herden von Zebras überqueren vor uns die Straße. Da die Huftiere meist einem Leittier folgen, ist Vorsicht beim Fahren angesagt, nicht selten läuft ein Zebra scheinbar erst nach rechts weg von der Straße, um dann nach einem Haken mitsamt seiner Gefolgschaft noch einmal die Piste zu überqueren. Feste Nerven und gute Bremsen sind in so einem Fall angesagt.

Ein paar Kilometer weiter müssen wir für eine halbe Stunde anhalten, um eine rund 20-köpfige Elefantenfamilie passieren zu lassen.

Gemächlich trotten die Dickhäuter über den staubigen Weg und geben sich mit ein paar abfälligen Blicken auf uns und unser Vehikel zufrieden. Da jedoch auch Jungtiere der Gruppe angehören, wagen wir uns nicht zu nahe an den Familienverband. Schon einmal ist es uns passiert, dass eine Elefantenmutter mit aufgestellten Ohren auf uns zu gerannt kam und uns sehr schnell aufs Gas treten ließ. Jedem war klar, dass eine Kollision zwischen dem grauen Riesen und unserem kleinem Suzuki-Jeep nicht zu unseren Gunsten ausgehen würde.

Doch wir gehen den tierischen Gefahren aus dem Weg und erreichen so am späten Nachmittag die Grenze zu Kenia, ein Schlagbaum versperrt die Piste. Zunächst kein Mensch weit und breit, doch dann lassen sich ein paar tansanische Grenzposten blicken. Die Offiziere begrüßen uns herzlich und tun so, als seien wir zum Kaffeekränzchen vorbeigekommen. Dann erklärt uns der diensthöchste Beamte aber ganz beiläufig und mit einem Lächeln auf den Lippen, dass es leider nur Bürgern von Tansania oder Kenia und schon gar nicht mit Mietwagen gestattet sei, diesen Grenzübergang zu überfahren. Wir müssten halt, so erzählt er uns weiter in freundlichem Ton, rund 400km zurück quer durch die Serengeti nach Arusha fahren, um von dort einen anderen Grenzübergang zu wählen. Ungläubiges Entsetzen macht sich breit und die Aussicht, die gleichen Löcherpisten noch einmal in die andere Richtung zu fahren, lässt uns das Blut in den Adern gefrieren. Nach anstrengender, von etlichen Dollars untermauerter Überzeugungsarbeit und dem "Verschenken" unserer Macheten sieht die Lage schon anders aus: Der Grenzer gibt zu, sich doch in den Bestimmungen geirrt zu haben und öffnet uns freundlich den Schlagbaum und wünscht eine angenehme Weiterfahrt. Nach über 400 Kilometern auf staubigen Pisten liegt Tansania, das Land des Kilimandscharo, des Ngorongoro-Kraters und der Serengeti schließlich hinter uns. Trotz aller Schwierigkeiten ein unvergessliches Erlebnis. Eines Tages werden wir wieder kommen.

Sansibar - Gewürzinsel zum Träumen

Von Uta Kubik-Ritter

Drei Wochen Tansania liegen nun schon hinter uns. Hubert, mein Mann, und ich hatten uns dieses Land in Ostafrika für den Urlaub ausgesucht. Auch unser gemeinsamer Freund Dieter (Bayer und Bergsteigerkamerad von Hubert) ist mit von der Partie.

Von Amsterdam brachte uns die Maschine nach Nairobi, von wo aus die Tour begann: mit eigenem PKW und Fahrer ging's über die Grenze nach Tansania. Die Momella Modge (bekannt aus dem Filmklassiker Hatari) war dann unser Ausgangspunkt in den Ngorongoro Krater, in das Seronera Valley in der Serengeti und hinauf auf den Mount Meru. Für meine beiden Bergsteiger nicht allzu viel Neues, aber für mich: dem geborenen Flachlandtiroler schon etwas Besonderes. War doch dieser Gipfel (mit 4565 Meter Tansanias zweithöchster Berg) ein sprichwörtlich hohes Ziel für mich. Es sollte nämlich mein erster Berg werden.

Die Gegend um den Kilimandscharo schloss sich an. Dieter nahm ihn gekonnt; Hubert blieb bei mir wegen meines recht angegriffenen Magen-Darm-Traktes. Für mich war der höchste Berg Afrikas in weite Ferne gerückt. Sah es doch so aus, als ob ich auf der Tour zum Mount Meru mehr die Toilettenhäuschen der beiden Berghütten aufsuchte, als mir die atemberaubende Landschaft dieses für uns schönsten Berges in Tansania anzusehen.

Für uns beide waren dann noch einige Tage Trekking in den Usambarabergen (das sind die mit dem bekannten Veilchen, die überall auf deutschen Fensterbänken stehen.....) angesagt.

"Logiert" - so kann man es nennen - haben wir dann in der Grant's Lodge. Schon zu Hause hatten wir im Internet dieses Haus gefunden. Es hat uns sofort zugesagt. Ist es doch ein nicht ganz alltägliches Hotel. Der heutige Besitzer hat das altehrwürdige Gemäuer (es wurde zu Beginn des 19. Jahrhunderts erbaut) vor einigen Jahren gekauft. Der heute in Tansania lebende Amerikaner ist ein Weltenbummler. So ist es auch verständlich, dass er jedes der 4 Gästezimmer im Stil eines anderen Landes eingerichtet hat. Wir z.B. schliefen im Tibetean Room. Irgendwie war es schon sonderbar: so mitten im tiefsten Afrika unter tibetischen Gebetsfahnen zu nächtigen. Aber es gefiel uns ausgezeichnet. Kein Telefon, kein Fernseher störte die idyllische Ruhe hier in der Lodge. Die hatten wir uns allerdings auch redlich verdient. Und das war so: lt. Website der Lodge lag das Anwesen ca. 15 km von Lushoto entfernt. Direkt im Wald. Diese 15 km hatten es aber in sich. Wir kamen nämlich erst am Nachmittag gegen fünf Uhr in Lushoto an und die hier in Afrika immer sehr schnell einbrechende Nacht hat uns dann selbstverständlich eingeholt. Der schmale, sich windende Waldweg über Baumwurzeln hinweg schien endlos lang zu sein. Das einzige Hinweisschild auf die Lodge wurde - das erfuhren wir erst am andern Morgen - von Menschen auf einer Wahlveranstaltung verdeckt. So fuhren wir einfach in die Nacht hinein. Und endlich! Kaum zu glauben! Vor uns lag nach einer haarsträubenden Fahrt von fast 2 Stunden die Lodge. Wie der Garten drum herum aussah, konnten wir nicht mehr erkennen. Aber wir waren da!

Freundlich wurden wir von den beiden "Hausgeistern" empfangen. Weitere Gäste waren an diesen Tagen ein junges Ehepaar aus Dar es Salaam. So hatten wir nach einem delikaten Abendessen noch einige nette Stunden vor dem brennenden Kamin bei einer Tasse Tee. Apropos Essen: selten werden in Hotels so frisch zubereitete Joghurts, Marmeladen, Soßen und Gerichte jeglicher Art serviert.

Doch nun will ich mich in diesem Reisebericht mit Sansibar beschäftigen! Allerdings stellt sich jetzt sofort die Frage: Kommen wir jemals an auf dieser Insel, duftend nach Gewürzen, ruhig wie im Paradies und mit kristallklarem Wasser zum Baden?

Früh am Morgen verlassen wir die Grant's Lodge, fahren die schöne Serpentinenstraße, vorbei an Lushoto, der Bezirksstadt in den Usambarabergen, herunter.

Kaum auf der Hauptstraße angekommen, passiert es: Reifenpanne! Apolinari - unserer Fahrer - packt schnell den Kofferraum aus, wechselt den defekten Reifen gegen das Reserverad. Es ging weiter bis zur nächsten Werkstatt. Hier sollte dann der Schlauch des kaputten Rades geflickt werden. Leichter gesagt als getan. Nicht nur ein Loch. Nein! Viele kleine Löcher machen ihn undicht. Da hilft nur eins: neuen Schlauch einziehen, Luft aufpumpen und weiterfahren. Na ja. Die Zeit wird schon reichen.

Wie wir bereits in den vergangenen drei Wochen erlebt haben, sind allerdings Apolinari hours immer länger als Stunden, wie wir sie aus Deutschland kennen. Das muss ich Ihnen als Leser sicher genauer erklären: Fragten wir Apolinari, wie lange die Fahrt dauern wird, antwortete er z.B. vier Stunden. War das Ziel erst einmal erreicht, so stellte sich heraus, dass wir aber sechs Stunden gebraucht haben. Seine Zeitangaben stimmten nie. Wir nannten sie deshalb aus Spaß Apolinari hours, was ihn jedes Mal zum Lachen brachte.

Doch nun zurück zur Reise: Auch für die rund 400 km Fahrt nach Dar es Salaam brauchen wir auf der gut ausgebauten Asphaltstraße B 1 satte sechs Stunden.

Die Fahrt wird nur unterbrochen durch die Tankanzeige. Auch das erwies sich als abenteuerlich. So wollen wir in einem Ort (Name spielt eigentlich keine Rolle) tanken. Fünf Tankstellen gibt es entlang des Highways. Doch von der ersten bis zur letzten Station erhalten wir kopfschüttelnd und achselzuckend negative Antworten auf die Frage nach Dieselkraftstoff. Müssen wir etwa schieben bis Dar?

Aber auch hier kommt im letzten Augenblick Hilfe. Irgendwann sehen wir abseits jeglicher Ortschaft eine Tankstelle. Die hat dann den so ersehnten Diesel für das Auto. Jetzt kann nichts mehr schief gehen. Oder?

Eine Baustelle engt die Fahrbahn teilweise auf eine Spur ein. Keine Ampel sorgt für reibungslosen Verkehr, sondern Menschen mit roten und grünen Fahnen. Das allerdings sehr individuell und mit unserem Verständnis für Verkehrsregelung nicht nachvollziehbar. So geht es die letzten 10 km rein nach Dar es Salaam.

Nun aber auf die letzte Minute: Tickets kaufen und ab auf die Fähre nach Sansibar. In der Golden Class und voll klimatisiert gleitet die Sea Star I über den Indischen Ozean. Die Hinfahrt lässt sich ertragen (was die Seekrankheit anbelangt). Doch die Rückfahrt ans Festland fordert dann ihren Tribut. Viele Passagiere ziehen die Reling den bequemen Sitzen im Inneren des Schiffes vor. Ich kann nur jedem - der etwas empfindlich ist - empfehlen, lieber das Flugzeug als das Schnellboot zu nehmen.

90 Minuten später - die Dunkelheit hat bereits den Tag eingeholt - kommen wir im Hafen von Stone Town an. Auch hier ist wieder Schleppen des Gepäcks angesagt. Wieder über schräge Holzplanken, dieses Mal mit Querschwellen, so dass ein Ziehen der Reisetasche ebenfalls nicht möglich ist.

Sie denken, wir sind weiterhin in Tansania? Stimmt. Stimmt aber auch nicht ganz. Erst einmal müssen wir durch das Immigration Office. Unsere Pässe haben nun auch Ein- und Ausreisestempel der Insel Sansibar.

In völliger Dunkelheit kommen wir dann endlich in den Matemwe Bungalows an. Die rund 60 km von Stone Town nach Matemwe schafften wir auf guten Straßen in 60 Minuten. Wobei der letzte Teil der Strecke allerdings eher einer Offroad-Tour als einer Asphaltstraße gleicht. Mitten durch ein Dorf, einfach am weißen Sand des Strandes entlang, vorbei an Palmen.

Der Empfang in den Matemwe Bungalows ist herzlich. Kay, eine der Managerinnen, kam auf uns zu, begrüßt uns mit den Worten: "Ich komme auch aus Deutschland. Schön, dass ihr da seid."

So beginnen unsere Traumtage im Paradies. Die Bungalowanlage hatten wir von zu Hause aus schon im Internet besucht. Doch wie es tatsächlich hier aussieht, können wir am ersten Abend nicht mehr so genau erkennen. Über einen mit Petroleumlampen ausgeleuchteten Weg gelangen wir zu unserem Bungalow. In der Dunkelheit rauscht das Meer. Wie weit ist es wohl entfernt? Wir jedenfalls richten uns ein und gehen erst einmal zum Dinner.

Wir lassen uns einfach treiben. Genießen morgens die erste Tasse Tee zum Sonnenaufgang auf der Bungalowterrasse. Zwischen Frühstück, Lunch und Dinner gehen wir am Strand entlang (bei Ebbe), baden im Indischen Ozean, fahren aufs Meer, vorbei an Delphinen, wandern am Riff, bummeln durch das lokale Fischerdorf.

Sansibar ist eine Gewürzinsel

Das riecht man überall, wenn man durch das Innere der Insel fährt. Vor den Hütten liegen Matten, auf denen Nelken, Cardamon, Muskatnuss, Pfeffer usw. von der Sonne getrocknet werden.

Wir bummeln durch Gewürzplantagen, die eher den Eindruck kultivierten Waldes machen als in Reih und Glied angebaute Bäume und Büsche. Hier ist es ein Nelkenbaum, deren Blüten hellgrün in kleinen Büscheln an den Zweigen sitzen. Nur die Form lässt erkennen, dass es später die bei uns bekannten dunkelbraunen Gewürznelken sind, die so manchen Glühwein in der kalten Jahreszeit zusätzlichen Geschmack verleihen.

Wussten Sie, dass Canehl aus der Rinde des Zimtbaumes gewonnen wird?

Wussten Sie, dass Muskatnüsse von einer knallroten Haut überzogen sind, in gelben pflaumengroßen Schalen stecken, bevor sie getrocknet ans Essen kommen?

Die Reihe dieser "Gewürzerlebnisse" ließe sich fortsetzen.

Natürlich haben wir uns mit Gewürzen eingedeckt, die - nun wieder zu Hause - von uns in der heimischen Küche ihren Einsatz finden.

Stone Town - die alte steinerne Stadt

Nach dem Frühstück kommt heute nicht der Bikini zum Einsatz, sondern T-Shirt und Kanga (diese Tücher gibt es hier in jeglicher Ausfertigung und Farbe). Wir fahren nach Stone Town, Sansibars einzige Stadt und zugleich ein historisches und architektonisches Highlight. Von der UNESCO zum Weltkulturerbe ernannt, werden die z.T. dem Verfall preisgegebenen Gebäude restauriert.

Stone Town, die einzige richtige Stadt auf Sansibar, hat ihren Namen von der Tatsache, dass hier die ersten aus Stein erbauten Häuser errichtet wurden. Fast die Hälfte der heute rund 400.000 Einwohner der Insel leben in dieser pulsierenden City. Arabische Sultane waren es, die die Stadt im 17. Jahrhundert ganz im Stil ihrer Vorfahren erbauen ließen. Stone Town entwickelte sich zu einer der größten Hafenstädte im Osten Afrikas, bis das Ende der Sklaverei auch die Bedeutung des Hafens schwinden ließ. Prächtige Handelshäuser und prunkvolle Moscheen entstanden. Durch die Einwanderung asiatischer Kaufleute prägten dann später auch hinduistische Tempel das Straßenbild. Nicht zuletzt die Mitte des 18. Jahrhunderts hinzugekommenen europäischen Kolonialmächte brachten dann ebenfalls ihre Gotteshäuser auf die Insel. So steht heute die Anglikanische Kirche sowie die Sankt Joseph's Kathedrale nicht weit von der Jamat Khanat Moschee entfernt.

Wir wollen einfach nur durch die Straßen schlendern, über den Markt bummeln und hier und da nach Souvenirs schauen. Wir beginnen unsere Sightseeing-Tour an den Markthallen. Untrüglich ist der Geruch bei den Fischständen. Frisch aus dem Meer, liegen hier Thunfisch neben Octopus, Muscheln neben ??? (ach, ich weiß nicht, wie die Fische alle heißen). Jeder Händler will uns seine Ware verkaufen, doch was sollen wir damit? Wir werden ja hervorragend im Hotel mit Fischgerichten jeder Art versorgt.

Markthalle der Stone Town

Auf dem Obst- und Gemüsemarkt geht es schon bunter zu. Rote Chilli und Tomaten, orange Apfelsinen, gelbe Paprika, Mangos und Sternfrüchte, grüne Gurken, Bohnen und Papayas. Stachelige Jackfrüchte und Durians. Wir kaufen Bananen. Diese kleinen gelben Dinger, die mehr Geschmack in sich tragen, als die gleichmäßig großen im deutschen Supermarkt. Nicht zuletzt die frische - und immer kühle - Kokosnussmilch.

Das Gackern der Hühner dringt aus der letzten Halle zu uns heraus, bevor wir weiter durch die Straßen ziehen. Vorbei an Schneidern, Friseuren, Wechselstuben, Apotheken und kleinen Souvenirläden. Hier waren wir also am nächsten Ziel unserer Stadtbesichtigung: Andenken kaufen für zu Hause.

Wie schnell die Zeit vergeht, verrät unser Magen. Irgendwie will auch er zu seinem Recht kommen. Doch Essen bei der Wärme? Ein kühles Getränk tut es auch. Also: Reiseführer aufgeschlagen und nachgesehen, wo man hier so hingeht. Mein 1999er Guidebook empfiehlt das Afrika-Haus am Hafen. Dort angekommen, stehen wir vor einer Baustelle. Das ist es auf keinen Fall, was wir suchen. Sollte das Buch uns in die Irre geführt haben? Nur gut, dass wir einheimische Hilfe bei uns haben. Schnell ist ein geeignetes Hotel mit schöner Dachterrasse gefunden: Kalte Getränke gab es in Emerson's House.

Danach sind wir wieder gerüstet für den Rest des Tages und unserer Tour durch die Altstadt von Stonetown.

Die Church of Christ, wie die Anglikanische Kirche genannt wird, wurde von englischen Missionaren 1880 als Gotteshaus fertiggestellt. Nach Ende der Sklaverei hatten sie den Zentralen Sklavenmarkt von Stone Town gekauft und diese Kirche errichtet.

Unzählige Afrikaner wurden Ende des 18. Jahrhunderts als Sklaven in die Neue Welt verschifft. Eingepfercht im stickigen Inneren der großen Sklavenschiffe erreichten viele nicht lebend Amerika. Einer der berüchtigsten Menschenhändler war Tippu Tip, der mit richtigem Namen Hamed bin Juma el Mujerbi hieß. Geboren 1838 auf Sansibar, wurde der Sohn eines Beauftragten des Sultans von Tabora der gefürchtetste Sklavenhändler in ganz Ostafrika. Er verstarb 1905 in Stone Town, wo er auch das endgültige Aus der Sklaverei auf Sansibar im Jahre 1897 erlebt.

Heute steht ein Mahnmal gegen die Sklaverei - und auch gegen jegliche Unterdrückung von Menschen - direkt neben der Anglikanischen Kirche. Errichtet von einer schwedischen Künstlerin, erinnert es jeden Besucher, der durch die Altstadt von Stone Town an diesem geschichtsträchtigen - grausamen - Ort vorbeikommt.

Doch bummeln wir weiter Richtung Dhau-Hafen. Da steht es mit einem Mal vor uns: das Beit el Ajaib. Dieses House of Wonder hat seinen Namen nicht von ungefähr erhalten. Erbaut 1883 als Sultanspalast, zeigt das größte Haus der Stadt viktorianische und arabische Stilelemente. Der imposante Turm erinnert unweigerlich an einen englischen Glockenturm. Ein Fahrstuhl im Inneren des Hauses, fließend Wasser und sogar Strom brachten dem Gebäude den wundersamen Beinamen ein. 1911 übernahmen die Engländer das Haus. Heute ist dort der Sitz der Stone Town Concervation Authority untergebracht. Einer Institution, die versucht, mit Spendengeldern die Restauration der Altstadt zu bewältigen.

Uns aber zieht es weiter durch die alten verwinkelten Straßen der Stadt. Überall begegnen uns spielende Kinder, die mit selbstgebasteltem Spielzeug in den schattigen Hauseingängen herumtoben. Frauen sieht man selten. Ist doch die Insel überwiegend islamisch geprägt. Ihr Terrain ist nun mal das Innere des Hauses. Trotz der geöffneten Haustüren kann man nichts vom Leben drinnen erspähen. Das macht den Reiz dieser Gebäude aus. Apropos Türen: Es sind prächtig geschnitzte Holztore, die hier in seit Jahrhunderten überlieferten Formen die Eingänge zieren. Mit teilweise spitzen Messingdornen versehen, verwehren sie so manchem Eindringling das Reinkommen.

Weiter zieht es uns zum Beit El Amani, zum Natural History & Memorial Museum. Das Haus des Friedens, wie es auch genannt wird, ist der größte Kuppelbau der Stadt und dient heute als Nationalmuseum. Hier findet der Besucher alles Wissenswerte über die Insel, der Entwicklung zum großen Dhau-Hafen, der traurigen Geschichte der Sklaverei. Ebenso wird die Protektioriatszeit der Engländer dargestellt. Münzen, Bilder, Teppiche, Briefmarken, Dinge des täglichen Lebens werden ebenso präsentiert wie archäologische Funde. Flora und Fauna der Insel können ebenfalls betrachtet werden.

Aber irgendwann haben wir keine Lust mehr zum Laufen und Schauen. Wir wollen nur noch zurück in unser Matemwe-Paradies. Ist doch ein Nachmittagsspaziergang am Strand entlang wahrlich angenehmer. Es ist schon etwas seltsam (jedenfalls für mich), Ziegen so nahe am Meer zu sehen. Überall laufen sie herum: Finden Schutz vor der stechenden Sonne unter einem umgekippten Boot auf dem Ufer oder suchen nach den spärlichen Gräsern in feinen weißen Sand.

Natürlich laufen wir nicht immer nur am Strand entlang, auch ein Bootsausflug steht irgendwann auf dem Plan. Mit der am Hotel ansässigen Tauchbasis schippern wir hinaus. Wer nicht tauchen will, beobachtet das Leben unter / über / am Wasser beim Schnorcheln oder Schwimmen.

Doch auch wir werden beobachtet: Von spielenden Delphinen. Schon ein schöner Anblick, wenn diese Tiere - leicht wie eine Feder - durch das Wasser gleiten.

Vorsicht! Bloß aufpassen, wenn man wieder mal auf eine Entdeckungstour bei Ebbe an den Strand geht. Ganz wichtig sind da Badeschuhe. Seeigel können fürchterlich stechen. Ich habe es leidvoll ertragen. Zwar nicht am Fuß, dafür am linken Mittelfinger, der einem dieser Stechlinge einfach zu nahe kam.

Aber auch lange Würmer - sagen wir besser Seegurken - gibt es hier. Sich immer in der Nähe von Seegras aufhaltend, schwimmen sie durch das flache Wasser im Uferbereich. Sie sehen richtig "stabil" aus, aber stupst man sie an, sind sie weich und man hat das Gefühl, dass sie nur aus Haut bestehen.

Auch mögen Sie es überhaupt nicht, wenn man sie berührt. Pfeilschnell schießen sie dann ins dichte Seegras.

Noch ein Wort zu Matemwe

An der Nordostküste Sansibars gelegen, hat dieses kleine Fischerdorf sicherlich sehr lange einen Dornröschenschlaf geträumt. Bis vor etwa 10 Jahren zwei junge Schwedinnen an diesen Ort kamen, sich in ihn verliebten und sich selbst einen Traum verwirklichten. Sie bauten die Matemwe Bungalows. In den folgenden Jahren wuchs die Anlage. Neue Besitzer kamen hinzu und so präsentieren sich heute 16 wunderschöne traumhafte Bungalows den Gästen. Umweltfreundlich in die Landschaft integriert, verwöhnen die Manager und Managerinnen und die vielen fleißigen guten Geister die Besucher. Und erst die Küche! Ich habe selten so viel verschiedene Fische auf meinem Speiseplan gehabt.

Für uns vergeht die Zeit auf Sansibar fast wie im Fluge. Zehn Tage im Paradies können nicht schöner sein!

Packliste für die Besteigung des Kilimandscharos

Von Manfred Jakob

Ausrüstungsgegenstände

- Seesack oder großer Wanderrucksack und abschließbarer Koffer (verbleibt im Hotel)
- guter Daunenschlafsack für Minustemperaturen (empfohlen wurde mir ein Schlafsack der bis zu -10° C aushält, es reicht aber auch ein Schlafsack für Temperaturen im mittleren Bereich mit einem zusätzlichen Inlett aus Seide für ca. DM 100,-)

Die Kibo Hütte ist ein kalter Betonklotz in dem es aus allen Ecken zieht! Sollte jemand vom Essen oder wegen der Höhe krank werden, ist Wärmeschutz ganz wichtig!

- gute Bergstiefel (während des Fluges anziehen, um Gewicht im Koffer zu sparen!)
- Daunenjacke oder warmer Anorak
- Segeltuchschuhe für den Regenwald (trocknen leichter!)
- Regenhaut (möglichst aus Goretex)
- warmer Pullover (Fleece)
- Mütze
- warme Handschuhe
- warme Unterwäsche (Skiunterwäsche oder sonstige)
- Gamaschen für die Gipfelregion
- Sonnenschutzmittel mit hohem Lichtschutzfaktor + Labiosan
- Gletscherbrille oder gute Sonnenbrille

- Wasserflasche (mind. 1 Liter pro Person)
- Taschenlampe oder Stirnlampe mit Ersatzbatterien und -birne
- kleiner Rucksack zum selber tragen
- Teleskopstöcke (für Abstieg empfehlenswert)
- Kerzen für Notbeleuchtung in Hütten
- Toilettenpapier
- kleines Hängeschloss für Seesack
- Brustbeutel
- Einwegspritze für Notfall
- Moskitonetz (nicht unbedingt), Mückenspray
- Schlangenbiss-Set
- Streichhölzer, Feuerzeug
- Schweizer Messer
- dreipoliger Stecker (englisch) 230 Volt Wechselstrom
- Wasserentkeimungstabletten (Micropur o.ä.)
- Nähzeug
- US-Dollar + Reisechecks in US$ (keine Eurochecks!)
- für Träger als Geschenke gebrauchte Kleidungsgegenstände oder Schuhe

Fotoausrüstung:

Unbedingt Skylightfilter verwenden, weniger empfindliche Filme mit ca. 15 DIN für die höheren Regionen, normale mit 17 DIN für die dunklen Regenwaldzonen.

Lebensmittel

- Müsliriegel
- Iso-Star- Pulver oder Dosen
- Salami
- Trockenobst
- Schokolade
- Fleischbrühe Extrakt
- Teebeutel
- Vitamin-Tabletten zum Auflösen

Reiseapotheke

- Aspirin
- Augentropfen
- Autan
- Einwegspritzen
- Jacutinpulver
- Diamox
- Japanisches Heilpflanzenöl
- Kohletabletten
- Micropur (Wasserdesinfektion)
- Mineralsalztabletten
- Nifidin (Höhenkrankheit)
- Pflaster
- Malaria-Prophylaxe
- Valium (zur Nachtruhe)

- Verbandsmaterial
- persönliche Medikamente

Wichtig:

Spätestens 2 Monate vor Abreise:

- Anfrage bei Krankenkasse wegen Kostendeckung
- Reiseversicherung abschließen
- Impfungen durchführen lassen (Vorher unbedingt bei einem Tropeninstitut erkundigen!)
- allg. Untersuchung bei Arzt und Zahnarzt
- Visum (Gültig für 3 Monate) Bearbeitungszeit: 3-4 Wochen Kosten DM40,-

Danksagung:

Mein besonderer Dank gilt meiner Frau Gudrun, meinen Söhnen Michael und Thomas, die viele Stunden und Tage, die ich für das Training, während der Reise und zuletzt am PC verbracht habe, auf mich verzichten mussten (ich gelobe Besserung!)

Mein Dank gilt aber auch Frank Heinbach, der uns als 'kleiner Bergführer' taktisch klug und mit medizinischer Unterstützung auf den Kili geführt hat; Frank Spieth, der mit seiner Videokamera einen tollen Film gedreht und mir wertvolle Ideen zu diesem Beitrag geliefert hat; Axel Schneider, der uns mit seiner fröhlichen, optimistischen Art immer wieder überrascht und aufgeheitert hat.

Ich danke aber auch den Familien der drei, dass sie auf ihre Männer bzw. Väter während der Reise verzichtet haben.

Mein Dank gilt auch Edwin und John Minja sowie der ganzen Crew, die uns als Mountain-Guides den Berg hinaufgeführt haben.

Vielen Dank an Paul Kanyambo, der uns sicher durch jedes Schlammloch und über die Schotterpisten Tansanias gefahren hat und der uns auf sehr fachkundige Art die Sehenswürdigkeiten der Nationalparks von Tansania nähergebracht hat.

Dank sagen möchte ich auch der Firma Roy Safaris Ltd., Arusha, die die Touren exzellent geplant und ausgeführt hat.

Nicht vergessen möchte ich Theofilo Mbise, der mit seinem breiten Grinsen die Verhandlungen im Office der Firma begleitet hat.

Viele wertvolle Informationen habe ich aus dem Buch 'Tansania - Kilimandscharo' von Peter Rotter entnommen, das uns die ganze Tour über begleitet hat.

Manfred Jakob, im Mai 2001